Benziger Broschur

Lyrik aus der Schweiz

Herausgegeben von
Frank Geerk

Benziger Verlag

Umschlag: István Mórocz, morografic, Zürich
Hergestellt im Graphischen Betrieb Benziger, Einsiedeln
ISBN 3 545 36219 1

Vorwort

Es ist nun rund fünfzig Jahre her, seit das letzte Mal versucht wurde, die schweizerische Lyrik in einer Anthologie zu sammeln. Als Robert Faesi 1921 seine "Anthologia Helvetica" in der "Bibliotheca Mundi" des Insel Verlages herausgab, leiteten ihn bei der Auswahl einerseits die ästhetischen Massstäbe seiner Zeit, andererseits patriotische Gefühle. Unter den vielen Gedichten, an deren Klang man sich sicherlich berauschen konnte, findet sich kein einziges, das sich mit der Schweiz kritisch auseinandersetzt. Einerseits war die Schweiz kein Gegenstand der Kritik, sondern der Verherrlichung, andererseits aber waren sprachliche Helvetismen verpönt. Das jedenfalls wollte die Auswahl Robert Faesis glaubhaft machen, obwohl zu jener Zeit schon Dichter wie Robert Walser und Hans Morgenthaler, die sich in seiner Anthologie allerdings nicht finden, veröffentlicht haben.
Bei der Durchsicht der Lyrikbände, die seither publiziert wurden, zeigte sich, wieviel sich inzwischen geändert hat. Während Lyriker wie Karl Stamm, Siegfried Lang und Max Pulver sich darauf beschränkten, mehr oder weniger geschickt Rilke, George oder den deutschen Expressionismus nachzuahmen, setzte sich zunächst Robert Walser von allen Vorbildern ab. Mit ihm beginnt, was man als moderne, spezifisch deutschschweizerische Lyrik bezeichnen kann. Im Gegensatz zu seinen Zeitgenossen verzichtete er darauf, ein makelloses Schriftdeutsch zu schreiben. Er fügte rücksichtslos Helvetismen ein. Es entstand eine Sprache, deren Zauber in ihrer natürlichen Verfremdung liegt.

Eine Mischung aus Archaik und Unbeholfenheit, die der Wirklichkeit, die Walser ausdrücken wollte, genau entsprach. Diese Wirklichkeit war eben keinesfalls so glatt und pathetisch, wie es die Sprache seiner Zeitgenossen glauben machen wollte.
Auf eine ganz andere Art setzte sich Hans Morgenthaler gegen die Modeströmungen ab. Seine Gedichte erschüttern vor allem durch die rücksichtslose Offenheit, mit der er das Bürgertum seiner Zeit anklagt. Seine Gedichte sind das Protokoll eines Menschen, der an der Schwindsucht und der Schweiz, wie er sie erlebte, zugrunde ging.
Der dritte Lyriker, den man auch als Klassiker der modernen deutschschweizerischen Lyrik bezeichnen könnte, ist Albin Zollinger. Alle Versuche, ihm zum Durchbruch zu verhelfen, sind bisher gescheitert. Obwohl man ihn in der Schweiz dem Namen nach kennt, entledigt man sich seiner meistens durch unreflektierte Achtung und behauptet, die Zeit, da er hätte wirken können, sei vorbei. Es ist zu wünschen, dass seine bevorzugte Stellung in dieser Anthologie dazu beiträgt, ihn populärer zu machen. Denn manche seiner Gedichte sind mit den Massstäben der Weltliteratur zu messen.
Im übrigen kam es mir bei der Auswahl nicht darauf an, einfach jene Dichter aufzunehmen, die innerhalb der schweizerischen Landesgrenzen geschrieben haben, sondern jene, die der Schweiz zur Sprache verholfen haben. Und zwar nicht jener Schweiz, wie Robert Faesi sie sah, sondern jener der Konflikte und Gegensätze. Es sind dies Gegensätze wie: Natur und Mensch, Idyll und

Grauen, Kontaktlosigkeit und Aggression, Puritanismus und Ausschweifung, Protest und Resignation, Wohlstand und Platzangst, Musse und Hysterie. –

Man könnte diese Aufzählung beliebig fortsetzen. Sie zeigt, dass es den modernen deutschschweizerischen Lyrikern nicht mehr um Heimatverklärung, sondern um die Klärung der sprachlichen, politischen, geopolitischen und geistigen Bedingungen ihres Lebens und Schreibens geht. Auch diese Anthologie ist national; allerdings auf eine oft nicht sehr schmeichelhafte Weise.

Indem sich die deutschschweizerische Lyrik durch Dichter wie Robert Walser, Hans Morgenthaler und Albin Zollinger kritisch emanzipiert und seither behauptet hat, ist die Zeit, da man sie in Deutschland als Provinzprodukt zweiten und dritten Ranges abtun konnte, vorbei. Nicht Vollständigkeit, was die Namen von Dichtern betrifft, sondern der Nachweis, dass die deutschsprachige Lyrik durch die Emanzipation der schweizerischen Dichter erheblich bereichert worden ist, ist das Ziel dieser Auswahl.

Zu erwähnen ist noch, dass zu dieser Emanzipation auch die Beachtung, die neuerdings Dialektgedichte finden, gehört. Da ihnen jedoch schon eigene Anthologien gewidmet wurden, habe ich sie weggelassen.

Basel, den 21. November 1973 Frank Geerk

ROBERT WALSER

Im Bureau

Der Mond blickt zu uns hinein,
er sieht mich als armen Kommis
schmachten unter dem strengen Blick
meines Prinzipals.
Ich kratze verlegen am Hals.
Dauernden Lebenssonnenschein
kannte ich noch nie.
Mangel ist mein Geschick;
kratzen zu müssen am Hals
unter dem Blick des Prinzipals.

Der Mond ist die Wunde der Nacht,
Blutstropfen sind alle Sterne.
Ob ich dem blühenden Glück auch ferne,
ich bin dafür bescheiden gemacht.
Der Mond ist die Wunde der Nacht.

Abend (I)

Schwarzgelb im Schnee vor mir leuchtet
ein Weg und geht unter Bäumen her.
Es ist Abend, und schwer
ist die Luft von Farben durchfeuchtet.

Die Bäume, unter denen ich gehe,
haben Äste wie Kinderhände;
sie flehen ohne Ende
unsäglich lieb, wenn ich stille stehe.

Ferne Gärten und Hecken
brennen in dunklem Wirrwarr,
und der glühende Himmel sieht angststarr,
wie die Kinderhände sich strecken.

Ein Landschäftchen

Dort steht ein Bäumlein im Wiesengrund
und noch viele artige Bäumlein dazu.
Ein Blättlein friert im frostigen Wind
und noch viele einzelne Blättlein dazu.
Ein Häuflein Schnee schimmert an Baches Rand
und noch viele weisse Häuflein dazu.
Ein Spitzlein Berg lacht in den Grund hinein
und noch viele schuftige Spitze dazu.
Und in dem allem der Teufel steht
und noch viele arme Teufel dazu.
Ein Englein kehrt ab sein weinend Gesicht
und alle Engel des Himmels dazu.

Das Dörfchen

Ich sitze auf der Bank
und schaue dankbar gerne
mit Augen frisch und frank
ein wenig in die Ferne.

Durchs Wäldchen kommt ein Wind
gleich einem unsichtbaren
vergnügten, lieben Kind
verführerisch gefahren.

Das Dörfchen sanft und süss,
das ich vor mir erblicke,
ich mit Empfindung grüss',
mir ist, als wenn es nicke.

Froh geht die Zeit vorbei,
behaglich ich hier träume,
als ob ich bildlich sei
wie Dörfchen, Wind und Bäume.

Sonntagsspaziergang

Auf dem Spaziergang, den ich gestern leise machte,
ich selbstverständlich vor Vergnügtheit sachte lachte.

Sonntäglich rauchten ein'ge Menschen ihre Pfeife,
auf einem Mädchenköpfchen schwebte eine Schleife.

Die Gegend schaute mich wie ein Theater an.
Wie hat es das Naturschauspiel mir angetan,

als sei ich immer noch ein junger Mensch an Jahren,
wär' eben erst ins reifre Alter 'reingefahren.

Romanisch stand in einem hübschen Gottesacker
ein Turm, und ich besichtigte danach gar wacker

das niedlich-feierliche Kirchenheiligtum,
und auf natürl'che Weise ging die Zeit herum.

Wenn man genügend, wie man sagt, gebummelt hat,
begibt man sich von selber wieder in die Stadt.

Sonne

Wie hast du lange
mich nicht gestreichelt mehr mit deiner Wange,
gewagt, mir deine Wonne
vorzuenthalten, liebe Sonne.
Was fiel dir ein,
mein Schlingelein,
so unmanierlich zu verstecken,
was täglich freundlich mich muss wecken.
Wie ungalant,
so unbekannt,
fremdartig und verloren sich zu machen,
statt anzulachen
Menschen und all die vielen bunten Sachen.
Was kam dich, Untertan,
für hochvornehme, üble Laune an?
In Zukunft sollst du fleissig scheinen,
sonst werd' ich weinen,
merk' dir das,
und liebe mich ohne geringsten Unterlass.
Entzieh' mir nimmer
deinen goldnen Schimmer,
du wundersames, süsses, freches Frauenzimmer.

Das Wenige

Es war einmal ein Herr Autor,
der seine Zeit damit verlor,
dass er viel flotte Worte machte
und es zu Ruhm und Ansehn brachte.
In seines hübschen Stübchens Enge
schrieb er an Büchern eine Menge,
doch alles, was ich von ihm las,
mich nicht so int'ressiert' wie das,
was er auf einer einz'gen Seite
in ungeahnter Herzensweite
mit einem Tone sammetsatt
geschrieben und gedichtet hat.

Spott macht Spass

Schade um die Lüfte jetzt,
wär' so gern in einem Parke,
leider hat mich meine starke
Ader vor die Tür gesetzt.

Schade um den Teesalon
und um seine süsse Sahne,
die sich mir im Grössenwahne
aufgelöst in Spott und Hohn.

Doch wie machte Spott mir Spass.
Ach, ihr könnt es gar nicht glauben.
Sich ein Paradies zu rauben,
dazu braucht es schon etwas.

Warum auch?

Als nun ein solcher klarer
Tag hastig wieder kam,
sprach er voll ruhiger, wahrer
Entschlossenheit langsam:
Nun soll es anders sein,
ich stürze mich in den Kampf hinein;
ich will gleich so vielen andern
aus der Welt tragen helfen das Leid,
will leiden und wandern,
bis das Volk befreit.
Will nie mehr müde mich niederlegen;
es soll etwas
geschehen; da überkam ihn ein Erwägen,
ein Schlummer: ach, lass doch das.

Der Spiesser

Du musst ihn bloss ein bisschen loben,
gleich fühlt er sich unglaublich oben;
wie abhängig er ist,
entgeht seiner kleinlichen List;
er ist in gleichem Mass gerieben,
wie er rückständig geblieben;
wagst du ihn zu lieben,
sogleich beehrt er dich mit Hieben;
ich mind'stens hebe
ihn nicht, ohne dass ich bebe,
es lebt in seinem Wesen drin
absolut kein Edelsinn;

Takt hat er keinen,
hat nichts wie seinen
Profit im Auge, das nicht sieht,
wie das Leben vorüberzieht,
Tag um Tag entflieht,
wie die Erde ohne ihn geriet;
seinem Schöpfer dankt der Spiesser nie,
denn er hat halt keine Poesie.

Weiter

Ich wollte stehen bleiben,
es trieb mich wieder weiter,
vorbei an schwarzen Bäumen,
doch unter schwarzen Bäumen
wollt' ich schnell stehen bleiben,
es trieb mich wieder weiter,
vorbei an grünen Wiesen,
doch an den grünen Wiesen
wollt' ich nur stehen bleiben,
es trieb mich wieder weiter,
vorbei an armen Häuschen,
bei einem dieser Häuschen
möcht' ich doch stehen bleiben,
betrachtend seine Armut,
und wie sein Rauch gemächlich
zum Himmel steigt, ich möchte
jetzt lange stehen bleiben.
Dies sagte ich und lachte,
das Grün der Wiesen lachte
der Rauch stieg räuchlich lächelnd,
es trieb mich wieder weiter.

ROBERT WALSER

Das Leben

Nicht nur zuweilen auf das Dichten
man hübsch und artig muss verzichten;
noch viel wicht'gere Dinge
gehn fort. Die teuersten Gestalten
vermagst du nicht am Zipfelchen zu halten,
bis endlich auch sogar das Leben,
als ob ein Vöglein in die Höh' sich schwinge,
und ob man noch so kräftig ringe,
man willig hin muss geben.

HANS MORGENTHALER

Dichtermisere

Ich bin der kuriose Dichter Hans Morgenthaler.
Jawohl! Der Vetter von Ernst, dem bekannten Maler.
Ich habe Suppe auf dem Rock
Und Nasentropfen auf dem Kragen,
Sonst würd ich Dir, Schöne, mein Herz antragen,
So aber in meiner Wirtschaftsnot
Darf ich es fast nicht wagen.

Ich wohne in der italienischen Schweiz,
Da ist es manchmal im Sommer schön heiss.
Eingeklemmt zwischen einem Klott
Und einem elektrischen Klavierautomaten,
In einem unruhigen Südzimmer von der Sonne
gebraten
Wart ich, unendlich gespannt vor Geduld,
Auf jene schöne Änderung,
Die nie kommt im Leben.

Wenn ich hinter meinen Jalousien
Einen verzweifelt heissen Tag dumpf hingebrütet
habe
Und am kühlen Abend beglückt die Fenster
aufreisse,
Um noch ein wenig am Tisch zu schaffen,
Oder todmüde zu sterben, das heisst zu schlafen,
Kommt so ein Mensch, Kommis, Kuli oder
Coiffeurknabe,
Wirft einen Batzen in den Musikkasten,
Und der Teufelstanz Valencia geht los . . .

Ich habe ein Leben wie ein Hund!
So werde ich nie und nimmer gesund!
So ist's in der freien Schweiz:
Elend eng und kein Bücherabsatz,
Jetzt bin ich bald vierzig
Und noch immer zu arm für einen richtigen
eigenen Schatz!
Habe heute nichts zu Nacht essen können,
Um Kuvert und Marken zu sparen,
Muss meiner neuesten Verehrerin schreiben,
Sie ist eine Dame von siebzig Jahren,
Kostet mich ausser dem Porto nichts
Und wohnt in einem Greisenheim.

Steckbrief

Wer bist Du, Hans Morgenthaler?
Rein menschlich,
Das heisst also wirtschaftlich gesprochen!
Vom besorgten Vater etwa einer schönen Tochter
Durchs heiratskritische,
Zukunftdurchbohrende, wenn auch milde
Schwiegerväterliche Auge in spe
Neugierig-forschend betrachtet!

Vielleicht ein ziemlich bekannter Name!
Ein alter Schwärmer mit edlen Regungen,
Ein Mensch, der vor allem gern bummelt
Und vom Vermögen anderer lebt . . .

Das bin ich!

Und auch als Schriftsteller
Hab ich noch herzlich wenig bewirkt:
Vier Selbstmorde und drei Ehescheidungen,
Alle sieben aus der allbekannten Eifersucht!

Affen

Ich gehe jetzt oft in den Park, zu den Affen
Um sie, und in ihnen mich, zu begaffen,
Um mich an ihren Possen zu messen,
Um Hochschulweisheiten zu vergessen.
Sie haben vermöbelte, hohle Gesichter
Wie stark frequentiertes Hurengelichter,
Wie überpotente moderne Dichter,
Wie nachts überraschte Bösewichter.
Ob Sonne scheint, oder ob Vollmond glänze,
Sie machen ungeniert ihre Tänze,
Lieben und stellen einander die Schwänze.
Drum geht es ihnen so gut!
Sie haben noch den natürlichen Mut:
Turnen und piepsen und klettern charmant,
Fressen noch aus der ungewaschenen Hand,
Lausen einander am Arm, und daneben
Ahnen sie wenig vom höheren Leben . . .

Gestern nun, während die Affen piepsten,
Gedachte ich plötzlich meiner Liebsten,
Die, meinen Bauch lausend,
Mich meinetwegen blutig zerzausend,
Mir Ehre, Seele und Freiheit mausend,
Ich dennoch gerne ertrüge,

Wenn nur endlich einmal
Vor Not und vor Qual,
Vor Einsamkeit und in tiefem Leid
Mein Herz nicht mehr ungeliebt schlüge.

Liebeskampf

Was für ein schweres Spiel wir miteinander treiben!

Bin Dir bald nah, bald bin ich fern
Und hab Dich doch stets ähnlich gern,
Bald lachst Du mir verliebt ins Herz,
Bald wird mein Blick für Dich zum Schmerz,
Du senkst, mein Werben streng verweisend,
Den freundlichen Madonnenkopf,
Dein schönes Sternenauge
Betrübt und dunkel erdenwärts,
Bis dass ich nichts mehr glaube . . .

Wo bleibt die Leidenschaft?
Was fehlt an dem Gefühl?
Was für ein dummes, dummes Spiel,
Umwölkt von dunkler Konvention,
Von Etikette, Religion,
Erschwert durch die Unmöglichkeit,
Vom Ideale meilenweit
Ich Armer mit Dir, Schöne, treib!
Wie wehret Geist sich gegen Leib!
Ich plumper, schwerer Schweizer Keib!

Danksagung

In diesem warmen Monat hab' ich sieben Weiber
Und ihre sieben ziemlich weichen Leiber
An meinem Schweizerbauch gerieben,
Es ist mir in der Dunkelheit
Von spitzen und von runden Brüsten
Von Schulterblättern, scharfen Lüsten
Ein heisses Dankgefühl zurückgeblieben.

Es waren meistens keine zarten Blumen
Italisch, südlich, grell und schnell verblüht,
Auch eine blasse Amsel war darunter
Die handelte zum Zeitvertreib
Um ihren stillen Unterleib
So sanft wie eine Japanfrau
Und ebenso genau.

Am smartesten war Miss Bellock,
Die hatte einen goldnen Rock,
Sie zahlte zwanzig Franken,
Eine deutsche Elefantin gab mir zehn –
Das sind Honorare wie für Gedichte,
Vermögen für dunkle, verschupfte Wichte,
So lohnt sich's, früh zu Bett zu gehn,
Ich konnte mit diesen schönen Beträgen
Vier, fünf südliche Sterne bezahlen
Und mein Portemonnaie litt
Trotz dem unerhörten Gefigg
Keinerlei Auszehrungsqualen.

HANS MORGENTHALER

Trost

Selbst in der Hölle
Wo ich schon seit Jahren
Von über hundert raffinierten Teufeln
Kunstvoll behandelt werde
Um vielleicht zur endlichen Röstung am Spiesse
Doch noch reif und würdig zu werden –

Selbst in der Hölle noch
Werden uns armen Schatten
Letzte Genüsse und Freuden zuteil:
Wenn etwa einer unserer Metzger
Ins eigene Feuer torkelt,
Wenn ein Höllentor, versehentlich
Frische Luft spendend, offen bleibt
Oder – o herrlicher Augenschmaus! –
Im Bockssprung Frau Oberteufel erscheint
Und, vom Fegfeuer lieblich beleuchtet,
Ihr Holzscheit mit zarter Hand
In unsere brennende Höllenglut schmeisst!

Hoffnungslos

Getreu bis in den Tod
Steh ich zu meinem Leben,
Sehr früh entgleist,
Als Knabe schon vom Lehrer krumm geschlagen,
Von keiner Mutter und Geliebten je betreut.

Auf Liebe darf ich nimmer hoffen,
Krank in der Brust, im Rücken Blei,
Vom Todesstrahl ins Mark getroffen,
Verletzt, zerstört, das Herz entzwei.

Sechs Jahre bin ich schon gemeingefährlich,
Ich atme Gift und huste Blut,
Wenn ich mich müden Schrittes,
Vom Schicksal vor die Tür gesetzt,
Von Krankheit, Zweifel, Tod gehetzt
Durchs Dunkel meiner Nächte schleppe,
Lieblos, verfemt und ohne Gruss . . .

Und nur der stille Mond am Himmel
Erwidert meinen kranken Kuss!

Wer Gott sei . . .?

Wer Gott sei . . .?

Jener geniale Künstler,
Der den Schmetterling in seinem Farbenspiel
erschafft,
Um ihn am Hochzeitstag durch Hagel zu zermalmen.

Jener Zauberer,
Der den hellen Sonnenschein erfand,
Damit die Erde ihren Blitz und Donner habe
Der mit der rohsten Hand
Die Mutter mir getötet hat, als ich, ein Knabe,
Gefallen an der Welt und ihrer Liebe fand.

Wer Gott sei . . .?

Jener rätselhafte Meister,
Der auch in mich die holde Sehnsucht nach
Vollendung legte,
Die Ahnung von der schönen Möglichkeit,
An der ich, ewig unerfüllt,
Mit klagender Gebärde,
Enttäuscht, verschmäht, ermordet
Bald fertig gestorben sein werde.

Kranker Trinker

Wie schön es ist, am See zu sitzen!
Ein wenig müde und berauscht.
Motor- und Ruderboote rasch vorüberblitzen,
Mit Hüten werden Grüsse ausgetauscht.

Orchestermusik flutet zwischen Bäumen,
Ich lehne tief im Stuhl zurück.
Viel frohe Menschen sitzen um mich, träumen
Vom alten und von neuem Glück.

Die Berge gegenüber dunkeln,
Die Luft wird kühl, Erkältung droht,
Ich trinke, lache, und die ersten Sterne funkeln,
Vielleicht bringt diese schöne Nacht mir schon
den Tod.

Liebe Freunde!

Liebe Freunde!
Seit dem Verrat von Davos
Geht's nicht mehr famos.
Man hat mir in Bern den Garaus gemacht
Über meine heiligsten Gefühle herzlos gelacht.
Doch erwacht bei mir jetzt der Übermut
Ich habe jetzt öfters das Maul voll Blut.

Es scheint, mein Leben will jetzt entfliehen
Sich definitiv der Schweiz entziehen.
Ich konnte die richtige Gattin nie finden
Drum muss ich so hundsmiserabel hinschwinden
Auch sonst bin ich neuerdings aufgehetzt
Mein Verleger hat mich vor die Türe gesetzt.

Habe kein Geld mehr, um Nuditäten zu kaufen
Muss jetzt billigen starken Chianti saufen
Ich liebe jetzt diesen Alkohol
Er tut mir bis zur Zehe wohl
Während die Weiber
Und ihre Leiber
Diese Spassvertreiber
Weniger wichtig geworden
Mich nicht weiter ermorden.

Ich pfeife nicht,
Ich pfeife doch
Ich pfeife auf dem letzten Loch
Und werde nächstens sterben.

HANS MORGENTHALER

Bald werd' ich nun verblutet sein . . .

Bald werd' ich nun verblutet sein
Und nicht mehr böse Bücher schreiben
Die Todesqualen fegen mich von Sünden rein
Die Edelwerke aber bleiben.

Freut euch, wenn ich so früh gestorben bin
Im Tod noch ungebrochen
Ich hatte schon als kleines Kind den Sinn
Und meines Lebens Zweck gerochen.

Mich kümmert nicht mehr Geld und Ehre
Und was dem Bürger wohlbekommt
Wie ich mit letzten Kräften mich verzehre
Zu zeigen was und was nicht göttlich ist und
frommt.

Ich sterbe als ein Mahnungszeichen:
Sieh Welt! so einfach ist das Leben nicht!
Die breite Strasse führt zu Lebensleichen
Der schmale Todespfad allein empor ans Licht.

Nicht Tod und Untergang ist drum mein Sterben
Ich lebe fort der Welt vereint,
Vielleicht dass einige als meine Erben
Verstehn was Gott mit meinem frühen Tode meint.

Will drum mir unermüdlich Müh noch geben
Um jede Stunde abschiedsreif zu sein
Voll Trotz, Verbrechen und doch kindlich fromm
ergeben
So sei ein rechtes Sterberleben!

Allmähliche Reifung

So sinken und so steigen unsere Tage!
Gestern stolz und stark,
Jeder Demut fern,
Heut dem Tode nahe,
Will ich morgen gern
Meiner Leiden schwere Last
Weiter schleppen dürfen!

ALBIN ZOLLINGER

Wenn der Diktator schläft

Dann neckt sich das Laub an den Bäumen!
Die Wasserspiele, Mondmädchen,
Tändeln in schneeweissen Rosen,
Und wenn der Diktator schläft,
Schleppt sich die Dunkelheit übers Gras.

Die Bäche klingen verloren,
Die Weinberge duften,
Die Bauern und Weiber im Land
Liegen vom Schlafe erschlagen.
Wenn der Diktator schläft,
Fallen die Vögel vom Dache,
Den Papst im Palast
Erzürnt ein grimmiger Traum.

Aber die Statuen gehen aus,
Wenn der Diktator schläft,
Die uralten Heiligen
Suchen ihr Volk in den Gassen,
Das Jesuskind tröstet den Schlaf der Soldaten.

Auf den Inselverliesen
Klirren die Ketten im Fels,
Vergitterte Tiere
Brüllen.

Die Königin

Ach der Regen senkte sein Haar
In die tropfenden Kronen der Bäume.
Unter den Brunnen bewegte sich's klar
Wie versunkene Wolkenräume.

Und die Königin schritt im Schloss
Ganz allein durch die Säle in Tränen.
Im Marmor, in allen Spiegeln floss
Der Regen wie trübe Fontänen.

Sie weinte nicht, weil der Gemahl
Fern in Flandern mit Fahnen marschierte,
Sie weinte nur, weil der Himmel so fahl
In die Fronten der Fenster stierte.

Ihr war auf einmal, sie ging
Jahrtausende früher am Nile,
So wunderlich dämmerte jedes Ding,
Der Park, die Gemälde, die Diele.

Sie fühlte ihr uraltes Blut
Wie Jahrhunderte in den Adern.
Manchmal bedrückte es ihr den Mut
Mit seinen finsteren Quadern.

Plötzlich schien ihr, sie müsste schrein,
Gefangen in ihrem Palaste.
Aber dann fiel es ihr immer noch ein
Dass sie sich königlich fasste.

In der Kapelle stand
Der Altar von Kerzen düster
Und hoch wie ein rauchender Bergwald in Brand:
Gottes verlassener Lüster.

Dungfuhre

Das kommt im Abend an mit schweren Gäulen,
Farbe von Brot, grauschumrig, Bernsteinrauch,
Vom Staube angebleichter breiter Bauch
Und Beine, Büschel, hornige Borkebeulen.

Die Fuhre, die ein Träumer leise lenkt,
Ragt wie ein Berg, dampfend in Moos und Mooren.
Wie Licht in einer Hütte nachtverloren
Hängt die Laterne im Gebälk versenkt.

Nun schwingt die Betzeitglocke drüber hin.
Es riecht auf einmal nach den fernen Feldern,
Nach ihren Stoppeln, Furchen, Füchsen, Wäldern,
Es riecht nach Kindheit, Rübenlichter blühn.

Kindheitsgeschichte

Das eigne Wesen lieb und hass ich mehr
Als was mir je im Äusseren begegnet.
Das Land der Herkunft ist mir tief und schwer
Mit eignem Dunkel, eignem Licht gesegnet.

Mir ist, ich hätte schon im Mutterschoss
Den milden Grund von Gras und Wald empfunden,
Und seine weissen Wolken wuchsen gross
In Obstbaumgärten durch die Dämmerstunden

Des langen Anfangs, Glocken kamen an
Von alten Türmen, Wohlgeruch im Staube,
Langsamer Regen abends, Trab im Tann,
Lokomotivenrauch und Flug der Taube.

Im Riede standen Kähne, Weinberg hing
Mit Himmelstreppen aus den Nebelhallen
Voll Herdenwanderung, Geläut, ich ging
Im nassen Phlox und durch Holunderballen.

Von süsser Milch erhellte sich der Herd
Im Feuerschein gewitterlich, und dunkel
Waltete die Muhme, stampften Kuh und Pferd
Auf hohlem Holz – Harmonika und Kunkel,

Girlanden welker Feste barg die Luft
Von abgestandenem Sommer unterm Dache,
Das Tuch der Truhen nahm ich mir zur Gruft,
Rauschende Bohnenlauben zum Gemache.

Die starren Frauen trugen Wasser, schwer
Von Kronen des geflochtnen Haars, gebaren
Und welkten, wurden alt von innen, leer
Wie Herbst, und herb von jenem Wunderbaren,

ALBIN ZOLLINGER

Von einer Winterweite Ewigkeit,
In der sie noch einmal wie Bräute glühten,
Gläubig zum Opfer ihrer selbst bereit
Und puritanisch in verblühten Hüten.

Von Wald und vielen Lindenhügeln eng,
War's eine Landschaft voll Unendlichkeiten,
Und Strassen gingen mit Alleen streng
Ins Jenseits unsagbarer Märchenweiten.

Kirchturm mit Störchen stand im Wipfelgrün,
Das Röhricht knarrte von verborgnen Fröschen.
Die Feuersbrünste sah ich ferne blühn
Und unterm Monde schauerlich verlöschen.

Im Brombeerdunste hing das Sommerlaub
Einsamer Kanzeln über eine Bläue
Glasiger Tiefe, und von Ferne taub
Blitzte der See aus Steppenglanz der Streue.

Mit einem Dome dämmerte ein Dorf wie Rom,
Die Firne geisterten im hohen Himmel,
Und auf dem Grunde wanderte der Strom
Wie einer Strasse dampfendes Gewimmel.

Die Höhe voller Höfe, Brunnen, Hag
Ging in die Dunkelheit mit stillen Lichtern
Tausender Stuben, und im Schnee erlag
Sie wie verschüttet einer immer dichtern

Und mildern Stille, die sie ganz umgab,
Und alle Traulichkeit begann mit Feuern
Und Stall und Brot zu duften, Schlittentrab
Durchbrach die Wälder mit der ungeheuern

Gewalt von Weihnacht, Krippe, Hirtenstern.
O langer Schlaf voll Traum der Knabennächte!
Durch Reifgebüsche fror der Morgen fern,
Und in den Schlummer pochten Silberspechte.

Die Füchse wohnten in dem Felsenloch,
Das Wipfelwerk umbrandete Ruinen.
Ich grub im Schutt nach Kronengold, ich kroch
Um Honigwaben aller wilden Bienen.

Doch nichts erschreckt das Herz so wunderbar
In der Erinnerung wie du, die Gute,
Die mit den Flaumigkeiten um mich war
Der Mutter; deinen Schatten, wenn ich ruhte,

Empfand ich in der Kammer gross und warm,
In seiner Laube lag ich tief geborgen,
Und unaussprechlich fühlt ich deinen Arm
Mit Licht und Linnen um mein Wohlsein sorgen.

Und du, des Art ich habe, stiller Mann
Im blauen Arbeitskittel: welche Wonnen
Der Stärke fassten mich im Innern an
Mit deiner Vaterhand in den Kolonnen,

Die seifeduftend, feierabendfroh
Mich mit der Würze von Metall umgaben.
Von meinem Rübenlichte blitzte Stroh
Geheimnisgolden auf im Strassengraben.

Der Gasgeruch spinnwebenen Kanals
Lagerte mit Leichenblässe von Ertrunkenen,
Das Ölige schwemmte Fransen eines Schals
Und Moderschwere der Versunkenen.

Im Wald der Tobel trotzten Spinnerein
Verloren geisterhaft mit Traumgetöse.
Fettiges Brandgemäuer spann sich ein
In feuchten Farn und Moos und Pilzgekröse.

Von Hungersnöten, altem Krieg und Raub
Dunkelt der Kummer im Gesicht der Bauern.
Das Fensterlicht erstickt im satten Laub
Und Blustgewucher der Geranienmauern.

Du aber, Bachtel, zierlicher Vesuv
Voll Weidengras und Heiterkeit der Lüfte,
Der den Olymp der Griechengötter schuf
In einem Jenseits kühler Wolkenschlüfte,

Von deinen Höhen strömt ein stiller Rauch
Und regnet Dämmerung aus Aschenröten,
Pansnachmittag Pompejis, Heidehauch
Und ein Gespinst von Meer und Muschelflöten!

Sonntag

Ganz ferne Musik.
Mundharmonika oder Kirchweih.
Es riecht nach Sonne in Sägespänen.
Hemdärmel der Knechte
Bauschen sich, Bohnenblüten.
In Kammern tropft Harz.
Vom Sommer der Zeitung
Schlummert der Ahn
In bestaubten Kamillen.
Radfahrervereine
Läuten schalmeiend vorüber.
Der Biergarten klappert.

Fabrikkanal

Man könnte denken, wie fromm er strömt.
Dunkel von Tiefe, schleppt er kaum ein wenig das
Ufer.
Nur auf dem Grund liegt das Gras wie im Dom
Eine betende Menge vornübergeneigt.

Aber das ölige Wasser sieht aus
Wie ein Mädchen, das schwanger geht, fleckig und
leidend.
Selbstmörderwasser,
Eine verlassene Mutter ertränkte sich drin.

Schiebt es noch staubige Haare daher?
Blickt das Leichengesicht durch den Spiegel?

Eine Katze treibt tot
Auf ihrem faulig gedunsenen Bauche

In einen Saal.
Da geht alles im Kreise.
Frauen mit Kindern im Arm
Nachtwandeln auf stürzenden Rändern.

Advent der Fabrikmädchen

Die Arbeiterinnen kommen in einem Geruche von
    Mandarinen.
Ihr Feierabend neigt in das Dunkel hinein.
Wenn sie, die Augen noch blass vom Gebraus der
    Maschinen,
Über die Stege gehn,
    blakt im Kanal der verlassene Fensterschein.

Mit zehntausend Lichtern sinkt die Spinnerei wie
    ein Schiff
Und brennt in ihrem Gerippe geisterhaft glosend.
Dennoch hören die Mädchen schon ihren nebligen
    Pfiff
Zum Gesang der Hähne
    früh, durch Ohren, von Schlummer tosend.

Man sieht nicht recht, will
    es schnein, die Schwärze steht windstill und
    vage.
Einmal im Schilfe streift sie ein Falter Gas.

Einmal, ein Vogel, ein Mensch der ertrinkt, eine
Klage
Seufzt, schaurig unter den Schuhen das pfeifende
Gras.

Vielleicht wird es regnen. Faucht nicht der laue
Föhn
Über das Brachfeld? Weich
trägt er ihnen die Schürzen wie Schwangern.
Wie Fischerinnen im Winde lehnen, so gehn
Sie gebrechlich und
sehnlich am Grunde von starrenden Angern.

Ach, sie sind ja nicht so! Aber die Lippen, versengt
von Zoten
Öffnen sich bläulich den hauchenden Schauern
der Nacht.
Ihre Gesichter, dämmernde Jenseitsgesichter von
Toten
Stöbern im Sternenschein wunderlich aufgewacht.

Wie sie jetzt sind, kleine
Mägdlein, schauern sie unter dem Dunkel
Das eine schwankende Höhe von Gassen türmt
Und unaussprechlich wie in der Kindheit mit
Schneegefunkel
Glocken und Kerzenbrand auf die Erde stürmt.

ALBIN ZOLLINGER

Das Haus auf dem Hügel

Ausgeräumt und abgetakelt,
Ohne Läden, ohne Glas,
Alles klirrt daran und wackelt,
Welch ein trübes Wrack ist das!
Nur die Rebe setzt ein bleiches
Fadenscheinig Leben an,
Und der Spinngewebe weiches
Schleierwerk verwelkt daran.

Hundert graue Regenjahre
Haben mürrisch hier gehaust.
Nächtlich weht's wie alte Haare
Durch das Ziegelwerk und saust.
Und die Türen gehn und knarren
Von der Hand der Geister lang,
Und die Landsknechtszüge scharren
An dem Traufenblech entlang.

Leer die Keller, leer die Kammern,
Auch dem Stalle starb der Knecht.
Mit den letzten Nägeln klammern
Latten sich ans Drahtgeflecht
Eines Hofes ohne Hühner,
Schnecken richteten sich ein
Und der Nesselwildnis grüner
Prahlerischer Heidenhain.

Können wir es alles haben?
Eine Lampe schwingt noch leis.

Königreiche blühn den Knaben
Aus dem Schutt geheimerweis.
Die Ruine zu erobern
Spähn sie in den Schlaf darin.
Aber ach, es knallt im obern
Boden wie ein Schuss dahin.

Niemand wird es jemals wissen,
Keiner sich hinaufgetraun,
Um die morschen Würfelkissen
Auf dem Laubsack anzuschaun.
Ist's ein Linnen, ist's ein Toter,
Was im Wind sich bleiern dreht?
Und was drückt sich für ein roter
Borstenmann ins Dunkel, seht!

Ja, er ist es, das ist Jockel.
Manchmal zur Kartoffelzeit
Steht er oben wie ein Gockel,
Doch es ist ein Pfau, der schreit.
Seine Mutter sieht er buckeln
Auf dem Acker, still und bös,
Und das Bähnlein hört er zuckeln,
Hört des Wasserfalls Getös.

Und da lacht er, lacht, der Trottel.
Ach, er ist ein kleines Kind!
Schüttelt seine Narrenzottel,
Hickst und lacht sich blöd und blind.
Und die Bäurin, schön von Brüsten,
Bückt sich tiefer in den Rock.

Sündig wurde sie in Lüsten
Einst mit einem Ziegenbock.

Hat das Wetter ihn erschlagen,
Ihn in seinem Nest ersäuft?
Schwefelartig sieht man's ragen,
Und das Wasser läuft und träuft.
So ein Sohn, nicht Mensch, nicht Schimmel,
Keine Glocke läutet dem!
Sieh, da schielt er aus dem Himmel
In der Höhle, fahl wie Lehm.

Brünstiger Hund

Hecken muss ich niederbrechen,
Hausmauern hinaufgehn;
Und wenn sie mich treten
Mich treten lassen,
Und wenn der Tod kommt
Sterben.
Aller Stolz ist mir nichts mehr,
Zu sterben nichts,
In meinem Blute nur diese Glut,
Süchte, die mich versehren,
Herzens Schwermut
Und der Irre in der Zelle meines Schädels.

Idole

Federpoet, gib es auf, gib es auf:
Die frommen Madonnen
Die du aus Büchern kennst
Und von denen du träumst,
Dass sie kämen, dich zu verstehen
Aus ihrer Seele von Tauben
Und deren Wimpern dir deinen Vers
Milde beschatten,
Die scheuen Musen
Sitzen in Limousinen bepelzt
Bei den Bäuchen, deren Börse
Sie besser als deine Anbetung
Begreifen.

Haus des Lebens

Jenseits steht immer der Tod,
Allgegenwärtig.
Wer nachts, wer im Morgenrot
Vor das Haus tritt, findet ihn seiner gewärtig.

Immer derselbe, lehnt
Er an allen Türen
Zu dieser Nacht, die sich dehnt,
Immer gewillt, uns zu führen.

Aber wir fürchten das Land
Vor den erhellten Hallen,
Flüchten vor seiner Hand,
Wollen uns lachend gefallen.

Heimlich, auf einmal, wankt
Einer hinweg von den Tischen.
Tödliche Dunkelheit rankt
Sich wie Wind in die Nischen.

Nachwelt

Mit kollernden Steinen
Rollt der Faun ins Gedörn.
Über die Heide singt
Telefondraht.

An den bebenden Mast
Schiebt der Kobold sein Ohr.
Das gelbe Gebiss
Grinst.

Literaturgelehrte

Hochoffiziöse Herrschaften direkt vom Parnass.
Tausend, blitzt das von Litzen und stachligen
Ordenssternen!
Zu schad für die Lebenden dünkt sie olympisches
Mass,
Ihre Gewitteraugen verdämmern in Götterfernen.

Legende vom Heiligen mit dem Apfelsamen

Johnny Appleseed hat gelebt, und es ist nur die
Wahrheit,
Dass er in einem Hemde aus Sacktuch daherkam,
Ein langer Knorpel von blonder Behaarung, als
Hut auf dem Kopfe
Ein Bratpfännchen, der Stiel im Genick gab ihm
Ähnlichkeit
Zugleich mit Konfuzius und einem Gelehrten der
Zopfzeit, und er war
Der leibhaftige, originale Heilige der Staaten.

Nämlich er lehrte, ging mit dem Bibelbuch
Unter dem Arme von Farm zu Farm
Und von Lager zu Lager, predigte den Kolonisten,
Unterwies die Indianer, nachts, von dem Feuer
Rollte sich ihnen zu Häupten das Buchenlaub,
Und sie sahn seinen Finger, glaubten dem Finger,
Blickten auf diesen Finger wie auf die Wurzel des
Medizinmanns.

Er lehrte aber auch das Getier; die dicken Barsche,
wenn er vorbeiging,
Trollten ihm nach im Gewässer, stolperten über-
einander,
Ausser Atem, mit kugligen Augen, die traurig
Im Schatten verharrten, wenn seine Sohlen
In Schlummer von Staub verdämmerten.
Mittlerweile
Vernahm er die Schlange, die kindlich,

Das Auge nach ihm verdrehend, von ihrem
Wohlverhalten erzählte,
Und der Bär gab ihm Raum in den Büschen,
eilfertig,
Aus schlechtem Gewissen brummend, und froh,
ihn beschäftigt zu finden.
Auf den Abend war eine Bergpredigt vor Condoren
der Rocky Mountains angesetzt.

Öfters war Johnny traurig, denn immer roch Aas
im Gefels,
Das von kalkigen Streifen nach Zebra aussah, und
schauerlich dorrten im Unrat
Völker von Papageien.
Was half ihm da alle Zerknirschung
Und dass sie verlegen
Die Köpfe in häutige Hälse zogen?
Durch Föhrengehölze, unten
Jagte die Schlacht der Huronen!

Er, Johannes Apfelsamen, lebte ja streng vegetarisch,
Seit Jahren, erinnerte sich schlecht und ungern
Seiner kannibalischen Vorzeit zu Hause, irgendwo
in Massachusetts.
Der Vater war Pastor gewesen und Kaufmann und
reich geworden.
Millionen Rinder hatten ihr schrumpliges Fell
Zu dem Berg seines Glücks getragen,
Dem Gebirge von Blut und Haaren.

Also hatte, und darin erreichte ihn seine Sendung,
Johnny einen Traum, ein Gesicht, seine Vision von den Apfelbaumgärten,
Schaumigem Abendrot seines Kontinents zwischen Ozeanbläuen,
Und er ging hin,
Ging und nahm das Phantastische an die Hand,
Einen Erdteil mit Bäumen zu bevölkern,
Er allein, Johnny Appleseed.

Johnny Appleseed ist der Spitzname, den ihm die Kinder gaben,
Da er im Abraum der Mostereien
Kniete und Kerne las, und sie nannten ihn den
Spatzen im Rossmist, halfen ihm aber – Kinder sind freundlich im Herzen –
Sie halfen, er lud einen Sack voll
Schwärzlicher schwerer Fracht
Auf sein Rösslein, das hier erwähnt sein will, denn das Rösslein
War mit dabei, seine Hufe
Schrieben ein Heldengedicht
Hinweg über Connecticut
Nach Carolina und Alabama,
Nach Missouri und Dakota,
Mit einem blumigen Gesang in Arizona,
Einem Abenteuer in Oklahoma,
Einer Kadenz nach dem flockigen Louisiana,
Von atlantischer zu pazifischer Mondnacht,
Versfüsse im Schnee,
Versfüsse im Sande, im Steppengras,
Versfüsse des Heldengedichtes im Heidekraut

Und im Heidelbeerlaube,
Dunkler Schnörkel im Wiesengrün
Und ein Spritzer Rutschpartie im Schotter von
Colorado –
Es war dabei, so wie vormals das Rösslein Rosinante
Mit jenem anderen Spleener und Kindskopf.
Von der Hand Johnny Appleseeds sprosste es einsam
In Tälern des Ohio,
An den Ufern des Chattahoochee,
Schlug es Wurzeln um Goldklösse Californiens,
Schwang es im Regenwind, drolliges Baumvolk,
von den Hähern verlacht,
Atemringend im Schatten der Mammutkerle.
Aber die leinblauen Augen des Heiligen
Kamen überall vorbei,.und wenn er vorbei war,
Kam der Heilige Nummer zwei, kam ein dritter
und vierter,
Die leinblauen Augen
Traten wie Sterne hervor, ein Heer von Heiligen
wanderte
In ihm allein, in Johnny.

Wahrlich, ich sage euch: Einer der will –
Er schöpft den Ozean mit dem Fingerhut aus,
Er versieht die Sterne mit Etiquetten,
Er zählt die Schuppen aller Fische der Weltmeere,
Er schlägt die Schwärme des Dschingiskhans in die
Flucht,
Er allein.

Johannes Apfelsamen fand Zeit, den Pflanzern die
Schrift auszulegen,

In den Hütten der Flösser Mixturen zu brauen,
Er legte den Negerjungen Pflaster auf, er schiente
den gebrochenen Flügel der Schwalbe ein,
Er war auch eine fahrende Leihbibliothek
Von zwei oder drei Broschuren (Swedenborg) –
Er war Amerikaner,
Versah sein Volk leiblich wie geistig.

Neuestens kam er mit Reisern an, das Rösslein stak
voll davon wie ein Korb,
Wie der Birnamswald bewegte sich sein Gebüsch,
Und er lehrte die Gläubigen – längst war er heilig
gesprochen –
Okulieren, edleres Reis ins Gezweige zu pfropfen,
und siehe:
Es blühte,
Es erblühte rosig, das Blut der Ruten, das schöner
war als das
Rot in den Fellen von Massachusetts.

Johnny schenkte den Staaten ein neues Morgenrot ...

Andere schenken dem Lande Schlachten.
Johnny Appleseeds Bataillone tropften in Äpfeln
aus,
Davon klopfte der Boden im Gebrause des Niagara
Ebenso wie zum langen Atem der Dünung am
Goldenen Horn
Oder oben
In Beerengründen voll wildem Honig am Alleghany.

ALBIN ZOLLINGER

Andere haben die roten Völker gehetzt,
In den Silberminen begraben:
Von der Hand Johnny Appleseeds auferstanden
Sie im Frühling der wehenden Apfelblustgärten.

Und er ging weiter und predigte den Sternhimmel
Als die ausgekörnte Ernte paradiesischer Kulturen
Und nannte die Erde
Den runden Apfel der Urmutter Eva.

Und wenn er die Früchte in seinem Pfännlein briet,
Roch es im Schneegeflock von dem Hause voll
Mythen
Der alten indianischen Blutgötter.

Aus Rindenrune las er
Chinesisch Zeichen.
Er entfernte sich

Ganz in Gloriole des Nordlichts, erstieg
Das Gebirge seiner geisterhaften Betagtheit,
Schütteren Bartes, und starb,
Starb, und Kanaan dämmerte grün in den Tiefen.

ALBERT EHRISMANN

Memorial 40

Am Abend trat er in unser Wachtlokal.
Da sahen wir zum erstenmal in sein Gesicht.
Es war knabenhaft ernst, von der Sonne ein Strahl
hängte um seine Lippen ein flackerndes Licht.

Man hatte vom Landsturm uns an diesen
Stützpunkt geschickt.
Wir besetzten die Posten, und mir gehörten
Äther und Jod.
In der Nacht hat dann einer ihn angeblickt.
Wir entdeckten erst später: das war der Tod.

Einige Apparate kehrten mit Einschlägen zurück.
Von den fremden Maschinen, erzählte man,
seien drei verbrannt.
Aber auch ihn, unseren Jüngsten, verliess
jetzt das Glück.
Am Abend wurde vom Radio schon sein Name
genannt.

In den blauen Überkleidern stand die Mannschaft da.
Zwei Piloten kauerten vor dem hölzernen Haus,
und das Licht, das man gestern um jenen
Mund noch sah,
ging nun ganz langsam bis an den Himmel aus.

Über den Graten des Jura glänzten die
Sterne. Uns schien,
dass auch die Erde viel härter geworden sei.

ALBERT EHRISMANN

Obgleich wir nicht redeten, warteten alle auf ihn.
Hell summte der Wind an den Drähten der
Flügel vorbei.

Brot ist gebacken,
die Mühlen sind reich

Ein Brief. Ein Wort.
Du schwiegst. Ich schweige.
Der Zweig verdorrt.
Das Jahr zur Neige.
Das Brot gebacken.
Die Mühle leer.
Die Gluten Schlacken.
Der Schnee zu schwer.

Das Jahr zur Neige?
Du schweigst? Ich schwieg?
Geblüht die Zweige?
Die Erde Krieg?
Das Korn erfroren?
Die Öfen kalt?
Das Nest verloren?
Die Zeit zu alt?

Aus Asche Glut.
Ein Phönix steigt.
Das Brot riecht gut.
Kein Herz, das schweigt.
Das Jahr in Schwebe.
Ein Wort. Ein Brief.

Ich liebe, lebe.
Kein Schlaf zu tief.

Das Brot gebacken.
Mit Salz bestreut.
Aus Schwertern Hacken.
Der Tod bereut.
Dein Kind geboren.
Das Korn schläft gut.
Das Nest erkoren.
Die Erde ruht.

Ein Brief. Ein Wort.
Du schwiegst. Ich schweige.
Kein Baum verdorrt.
Bald grün die Zweige.
Das Brot im Spinde.
Kein Antlitz bleich.
Die Welt im Kinde.
Die Mühlen reich.

Die Allee

Bitte, verzeihen Sie,
sagte die Nonne,
dass ich auf dieser Strecke
so schweigsam bin.
Sie war die Ehrwürdige Mutter
des Spitals *Pammakaristos,* und wir fuhren
auf der klassischen Strasse
von Athen nach Marathon.

ALBERT EHRISMANN

Erst später am Abend,
als wir das Waisenheim Nea Makri
und die Pläne zum Anbau
besichtigt hatten,
erzählte die Frau – und ihre Stimme
tönte leise und trocken –,
dass dort einst die Allee war
der Gehenkten.

Eines Tages
hätten die fremden Soldaten
alte Bauern aus den Ställen
nahe der Strasse geholt
und an den Bäumen
zur Sühne für den Mord
an einem Offizier
aufgehängt.

Viele Kirchen in den Dörfern
waren zerstört,
und niemand läutete.
Für wen auch?
Aber in der Nacht hörten alle,
die jetzt nicht schliefen,
die Körper der Gehenkten
läuten aus der Allee.

Nahezu hundert.
An der Strasse,
durch die einst der Sieger
lief, umjubelt.

Und zum erstenmal,
seit ich's bedenke,
erstirbt mir unter den Fingern
der Reim.

Von Wäldern, Quellen und Flüssen

I

Wenn viele junge Rebellen
und noch mehr alte Politiker
nicht auf Holzwegen gingen,
wären unsere Wälder reicher
(Rehe wohnten geschützter,
und lieblicher sängen die Vögel),
denn der Verschleiss an gesunden Hölzern
ist ungeheuer.
Kahlschläge aber
verändern das Klima:
wir vereisen.

II

Aus den Quellen ertrogener Erde
fliesst Reichtum
in die Taschen fern wohnender
Ölmillionäre.
Die Arbeiter an den Bohrtürmen
und auch die Indios in den Kupferminen
sind arm.
Landlose hungern.
Werden sie einst, wenn sie sterben,
für die letzte Ölung genug Öl haben,

oder brauchen sie dann,
ehe sie tot sind,
auch dieses
Öl
nicht mehr –
hoffend auf eine schmale Grube
für ihre Knochen?

III
Wälder atmen.
Quellwasser ist klar und rein.
Der Haushalt der Natur, sagt man,
sei wunderbar eingerichtet,
und verweist auf den Gesundheits-
und Sterbedienst der Wildtiere
in Afrika oder irgendwo.
Wo denn sind die Haushalthilfen
der Flüsse und Seen,
ehe die Seen Kloaken
und die Flüsse zum Totenrhein
für Millionen Fische werden?
Wo denn sind die Haushalthilfen
der Wälder (Lungen seien sie unserer Städte),
ehe sie zu Papier und Betonverschalungen
gekocht und zerschnitten werden?

IV
Von Wäldern, Quellen und Flüssen
schreibt der Dichter
und bekennt sich mitschuldig,
weil er Papier verbraucht.

Wer bekennt sich
schuldiger?
Millionäre? Holzwegler?
Niemand?

V

Wir werden vereisen.

HANS WERTHMÜLLER

In der Schwebe

Die Feder
dem Vogel im Flug entflogen
wiegt sich
windlos
in deinem Blick.

Auch Freiheit
ist ein Gefängnis.

Laokoon

Wichtig ist
dass er sich selber
wichtig nimmt.

Erholung davon:
seine Frau
am Hals
mit ihrer ganzen Schwerkraft.
Ihre Kinder
umarmen
ihn weiter unten.

Blühende Kletterpflanzen
erwürgen
sein Gartenhaus.

Der Sieger

Nach fünfzig Jahren
sitzt er an derselben Stelle
hinfällig und verbittert
mit verschränkten Armen.

Die zwei gekreuzten Schwerter
zum Zeichen:
hier war das Schlachtfeld.

Geschichte lebt

Ein andersmal
traf ich in der Gegend von Murten
einen jungen Bauersmann
mit umgehängtem Gewehr.
Er war unterwegs nach dem Städtchen.
Ich sagte ihm sofort
sein Einsatz sei nutzlos
die entscheidende Schlacht sei geschlagen
und Karl der Kühne besiegt.
Wachsam horchten seine Blicke mich ab.
Umsobesser
meinte er schliesslich
und nahm sein Sturmgewehr
schussfertig in beide Hände:
Bist du Karl der Kühne auf der Flucht?

HANS WERTHMÜLLER

Der Drohfinger

Wirtschaftskrise und Arbeitslosigkeit
Weltkrieg Hitler und Stalin
sind nichts als Wörter
Durch sie
wird der Vater von heute
an den Vater von gestern erinnert
An den Drohfinger seines Vaters von gestern
An ein mythisches Zeitalter
patriarchalischer Autorität
das unserem Zeitalter
der repressiven Toleranz
vorausging

Weltkriege Hitler Stalin
Weltwirtschaftskrisen und Arbeitslosigkeit
hat es vermutlich gar nie gegeben
Aber den Drohfinger
des Vaters meines Vaters
ich schwöre
den habe ich mit eigenen Augen gesehen

Ich habe an die Amseln gedacht

Ohne zu fackeln
sind sie aufs Standesamt gegangen
Ich habe an die Amseln gedacht
An die liederlichen Nester
die sie bauen für ihr Gelege
in einer Buchenhecke an der Strasse

um dann schrill zu zetern
wenn die Katze zu nahe kommt

Schon bald waren die ersten Kinder da
Zwillinge zum Anfang
Ich habe an die Amseln gedacht
Vor achtzig Jahren
waren sie noch Waldbewohner
Heute sind sie eine Plage
in den Städten
Eine Plage für unsere Gärten

Bis heute aber keine Scheidung
Keine Trennung
Im Drang des Alltags denke ich mitunter
an das Amselmännchen
wie es einsam
und kunstvoll den Abend lobt
auf dem Giebel des Hauses
gegenüber

A la recherche du temps perdu

Erinnerung an den Tod des Vaters
An den Umzug in die Stadt
Erinnerung an den Elefanten im Zirkus
Old Shatterhand
und herbstliche Kartoffelfeuer
Erinnerung an den ersten Schultag
Einer kam barfuss

HANS WERTHMÜLLER

Ein andrer sprach Französisch
hiess aber Heinrich
Erinnerung an Erinnerungen

Ein Vogel der wegfliegt
wird nur in unseren Augen kleiner

RAINER BRAMBACH

Holzfällerschenke

Flaschengalerie der Schenke,
Fäller, bärenhaft vermummt,
axtgekerbte Fichtenbänke,
und der Kachelofen summt.

Stummelpfeifen, Sägmehlboden
schwarz gefleckt vom Kautabak –
Schmeck den Tanngeruch am Loden,
greif das Brot im Jutesack.

Rück zum Feuer, hör den Alten,
der die Köhlerfabel spricht,
Meiler siehst du, Rauchgestalten
und im Holz ein Harzgesicht.

Fabeln, Harzrauch, Winterweisen
und die Fracht der Einsamkeit
trägst du mit durch Wälderschneisen,
schneeblind, waldtoll, eingeschneit.

Granit

Über Granit gebeugt – aus südlichen Brüchen.
Während dein Hammer fällt
steigt dir ein Himmel aus Milchglas ins Auge
während dein Meissel die Rinne gräbt
schmeckst du den Staub versteinerter Wälder.

RAINER BRAMBACH

Über Granit gebeugt –
O Ginster und Aloe schiefergrau verschwommen
während dein Knie sich
an die ausgetrockneten Ebenen presst
– aus südlichen Brüchen
während dein schweissnasser Rücken gestreift wird
vom kühlen Hauch nördlichen Sommers.

Müdigkeit

Lang schon suche ich dir
einen Namen zu geben, mein Widersacher:
Du legst mir das Joch auf, den trägen
Sandsack, deinen stumpfen Hammer,
du machst mich zum Knecht.

Dich trag ich vom Feld zur Abendsuppe,
ich fühl deine Last,
wenn der Mond sich hebt und die Fledermaus fliegt.
Die andern am Tische nennen mich Träumer,
während mein Nacken sich beugt zu dir,
hart an der Niederlage.

Bericht aus dem Garten

Mit den feurigen Offenbarungen
von Rosen
zieht der Mittag in das Haus ein.
Im Esszimmer wird es still

für die Zeit,
bis das Fleisch verteilt
und die Gläser ausgetrunken sind.

Draussen wirft das Spalier seinen Schatten
auf den ruhenden Gärtner.
Er wird niemals erfahren,
was der Nussbaum verschweigt,
der am Nachmittag fallen muss.

Niemand wird kommen

Niemand kam über das Feld.
Nur Regengewölk, Wind.
Niemand wird kommen, der sagt:

Lehmgestalt, steig aus dem Graben,
ich habe deine Gedanken gehört.
Gehe! Die schöne Welt erwartet dich.

Niemand ruft: He, noch nicht unterwegs?
Dein Freibrief ist gültig,
leicht lesbar die Schrift der Redlichkeit.

Ich sah als Kind auf dem Jahrmarkt
den Tanzbären sich drehen,
hielt mich später am Tage versteckt,
kenne einige Gefängnisse inwendig
und auswendig die Sprache der Henker.

Niemand. Regengewölk, Wind.

RAINER BRAMBACH

Der Baum

Seit ich weit draussen
das Haus in der Siedlung bewohne,
wächst aus dem Keller ein Baum
durch Diele und Mansarden.
Laub hängt fahnengleich
zu allen Fenstern hinaus.
Der Wipfel wiegt sich
über dem moosgrauen Dach.

Ich hause unbesorgt nah dem Gezweig,
im Hof fault der Spaltklotz,
auf dem Speicher rostet die Säge.
Nachbarn freilich rufen sich zu:
Sein Haus ist wie unsere Häuser,
was ist der Narr fröhlich –
Hört, er singt in der Frühe, redet
und lacht, wenn es dämmert!

Der Baum wächst.

Vorsicht wäre geboten

Was treibt dich, Verse zu schreiben?
Warum verkaufst du nicht Salz,
Häuser, Gewehre oder Tabak?

Vorsicht wäre geboten, du weisst es, denn bald
kommen wieder die Raben – schwarze Prediger

ohne Öl in der Stimme – deine Armut auszuschreien,
während du noch immer gelassen umhergehst.

Hängt Eis an den Brunnenröhren,
bleibt dir als Wohnung der Wartesaal,
darin sich widerhallend in vielen Sprachen
Abschied und Ankunft vereinen.

Mond

So einfache Sachen wie Kühe melken,
Begonien begiessen, damit sie nicht welken,
Kopfsprung ins Wasser, Rasen mähen,
beim Pistonblasen die Backen aufblähen,

beim Überqueren der Strasse auf Autos achten

und nachts den Mond wie Klopstock ihn sah
und nachts den Mond wie Goethe ihn sah
und nachts den Mond wie Claudius ihn sah
und nachts den Mond wie Hebel ihn sah,
betrachten.

Am Nachmittag

Diesmal kam es am Nachmittag
und nicht wie sonst immer
in der Nacht.
Es kam wieder, doch ich fand
auch am Tag keinen Namen dafür.

Diesmal schien es gelb.
Ich sass in der Küche,
ein abgebranntes Zündholz
zwischen den Fingern.

Alltag

Gehen, wohin ich muss
Einen jungen Baum pflanzen
Den Garten loben, auch wenn es lange regnet
Das Rad ölen
und die Bremse prüfen
Die Zeitung lesen, ohne den Wunsch auszuwandern
Freunde empfangen
Vergessen können
Rosen oder Hühner?
Gedichte schreiben
und nicht auf die Musik der Bassgeigen
am Himmel hören
der blau oder bewölkt ist.

Alleinstehende Männer

Einer sammelt Steine.
Einer erwirbt Briefmarken.
Ein dritter spielt Fernschach
und einer steht lauernd am Abend
im Park.
Einer lernt Russisch.
Einer liest Shakespeare.

Einer schreibt Brief um Brief
und einer trinkt Rotwein am Abend,
sonst geschieht nichts.
Sie trinken, lesen, lauern, erwerben,
die Männer allein am Abend.
Sie schreiben, lernen, spielen, sammeln,
ein jeder für sich nach Feierabend.
Einer besucht eine Operette.
Einer hört Bach.
Einer hütet ein Geheimnis.
Wie ein Hund an der Kette
läuft er Abend für Abend entlang den Alleen.

Gedicht für Frank Geerk

Nicht nachlassen, nie,
weil alles nachlässt –
So viel Gelb in der Luft,
Gerede geduckt im Gestank.

Wir wollen grün sprechen
wie der Baum, der Busch,
das Gras, einfach und
immer wiederkommend,
Jahr für Jahr.

SILJA WALTER

Verloren

Im Hofe leiern die Türen
Und eine Harmonika.
Ich möchte mich selber verlieren
Und bin doch immer noch da.

Ich stehe still im Regen.
Er wischt mein Gesicht noch aus.
Die Mägde lachen verlegen
Aus allen Türen heraus.

Der Regen baut raschelnde Mauern.
Nur wenn auch du noch bist,
Kann ich noch weiter dauern –
Ich weiss nicht, warum das so ist.

Mädchenlied

Wenn der Wind den Hafer wiegt,
Wiege ich verschwiegen,
Was mir süss im Arme liegt,
Kraut für meine Ziegen.

Wiege Kerbelkraut im Wind,
Wieg und wieg und weine,
Wieg ich doch mein kleines Kind,
Wenn ich's innig meine.

Der Seidelbast

Im Walde wiegt der Seidelbast
Sich leise her und hin.
Seitdem du mich vergessen hast,
Vergess ich, dass ich bin.

Ich weiss nicht, was mir hängt im Haar,
Ob Schleh, ob gelber Schuh.
Ich singe scheu und sonderbar,
Und hör mir selber zu.

Seitdem du mich vergessen hast,
Träum ich so tief und schwer.
Im Walde wiegt der Seidelbast
Sich leise hin und her.

Tänzerin

Der Tanz ist aus. Mein Herz ist süss wie Nüsse,
Und was ich denke, blüht mir aus der Haut.
Wenn ich jetzt sacht mir in die Knöchel bisse,
Sie röchen süsser als der Sud Melisse,
Der rot und klingend in der Kachel braut.

Sprich nicht von Tanz und nicht von Mond und
        Baum
Und ja nicht von der Seele, sprich jetzt nicht.
Mein Kleid hat einen riesenbreiten Saum,
Damit bedeck ich Füsse und Gesicht
Und alles, was in diesem Abend kauert,

Aus jedem Flur herankriecht und mich misst
Mit grauem Blick, sich duckt und mich belauert,
Mich gellend anfällt und mein Antlitz küsst.

Sprich nicht von Tanz und nicht von Stern und Traum
Und ja nicht von der Seele, lass uns schweigen.
Mein Kleid hat einen riesenbreiten Saum,
Drin ruht verwahrt der Dinge Sinn und Reigen.

Ich wollte Schnee sein, mitten im August,
Und langsam von den Rändern her vergehn,
Langsam mich selbst vergessend, ich hätt Lust,
Dabei mir selber singend zuzusehn.

Mein kleiner weisser Hund und ich

Mein kleiner weisser Hund und ich,
Wir gehn durch alle Türen.
Wir suchen dich. Wir suchen mich.
Wir weinen und wir frieren.

Der Regen kreiselt gross im See,
Wirft Ringe in der Runde.
Ich weiss nicht, wo ich geh und steh
Mit meinem kleinen Hunde.

Die Welt ist weit. Und weit bist du.
Wo enden Weg und Reise?
Ich hör dem grossen Regen zu –
Mein kleiner Hund bellt leise.

Ich find dich nicht. Ich find mich nicht.
Mir dir ging ich verloren.
Mein Hund blickt trüb, und mein Gesicht
Press ich an seine Ohren.

Die Irre

Ich bin nicht da. Ich bin doch irgendwo?
Ich gehe laut, behorche meine Schritte,
Doch rühr ich mein Gesicht an, klingt es so,
Als breche man ein Kelchglas in der Mitte.

Ich leid dies Klingen unter jedem Blick.
Die Stadt blickt einen abends fast entzwei.
Lasst mich doch los, sonst laufe ich zurück
Mit tausend Scherben im Gesicht und schrei.

So schaut mich tot. Ich bin ja doch nicht da.
Der Regen meint es auch, der auf mir spielt.
Es wundert ihn, was mittags denn geschah,
Dass sich mein Mund so seltsam hart anfühlt.

Ich weiss es nicht. Ich tränke gerne Wein.
Hielt gern in Händen grosse Akeleien.
Ich wollt ein schönes totes Standbild sein
Am Brunnenrand und leblang nicht mehr schreien.

Dann leget ihr erschreckt mir Gitter um.
O tut es doch in dieser schweren Nacht
Und süsse Dunkelheit darum herum,
Die alle Dinge tödlich schlafen macht.

Dann gäb es keine grauen Gassen mehr
Und nie mehr ein Gesicht, so gut wie seins.
Der Tag wär eine stete Wiederkehr
Der Nacht im Tonfall kupferroten Weins.

Dann kehrt ich sorgsam wieder zu mir heim
Und küsste mich und wäre selber wieder.
Ich sänge mich zu einem neuen Reim
Und sänge alle eure Gitter nieder.

KURT MARTI

Der ungebetene Hochzeitsgast

Die Glocken dröhnen ihren vollsten Ton
und Photographen stehen knipsend krumm.
Es braust der Hochzeitsmarsch von Mendelssohn.
Der Pfarrer kommt! Mit ihm das Christentum.

Die Damen knie'n im Dome schulternackt,
noch im Gebet kokett und photogen,
indes die Herren, konjunkturbefrackt,
diskret auf ihre Armbanduhren sehn.

Sanft wie im Kino surrt die Liturgie
zum Fest von Kapital und Eleganz.
Nur einer flüstert leise: "Blasphemie!"
Der Herr. Allein, Ihn überhört man ganz.

messbare verwandlung

die bevölkerung wächst
der boden schmilzt
die preise steigen
die menschen fragen

wo sollen wir wohnen
fragen die menschen

und unsere kinder
fragen die menschen
wenn sich bodenrecht
messbar in bodenloses
unrecht verwandelt

KURT MARTI

gutes tun an den opfern

z.b. der herzkranken alten näherin
medikamente kaufen
die rechnung des arztes bezahlen:
damit ihr arbeitgeber
der sie nach dreissig jahren
ohne rente entliess
in seiner villa friedlicher schläft

z.b. der familie mit dreieinhalb kindern
eine andere wohnung suchen:
damit der hausbesitzer
der sie wegen der kinder hinauswirft
nicht länger für tapeten rasen und ruhe
zu fürchten braucht und abends
sich ruhig aufs ohr legen kann

z.b. dem schlaflosen bürolisten
der sich aus pflichtgefühl
überfordern lässt bis zum ruin seiner nerven
beruhigungspillen und für das private leben
asketische schonung empfehlen:
damit sein chef auch weiterhin mit ihm rechnen
und nachts sich sorgenlos ausstrecken darf

lasset uns allezeit
gutes tun
an den opfern
damit ihre opferer
friedlicher schlafen

In jedem fetten Mann sitzt ein dünner gefangen,
der mit wilder Zeichensprache darum bittet,
herausgelassen zu werden.
Cyril Connolly

Schlankheit gefällt wegen des besseren Anschlusses
beim Beischlaf.
Georg Christoph Lichtenberg

Vielleicht ist Gott überhaupt eine Frau. Wer weiss
das Gegenteil?
Ingmar Bergmann

wer kennt schon
die not eines überaus dicken mädchens?

man sagt:
nun ja – doch sie hatte ein gutes herz

stets braucht die gesellschaft
dicke mädchen mit guten herzen
in heimen spitälern kantinen
in fabriken geschäften büros

doch manchmal
möchten auch ihre herzen
verrückt und geliebt
statt immer nur gut sein

dann träumen sie liebe
in wetterleuchtenden farben

KURT MARTI

liebkosen den einsamen körper
abends im traurigen bett
mit den fühlsamen händen
des zärtlich erdachten freunds

später verschliessen sie
solche träume tief in ihre enttäuschung
und versuchen so tapfer als möglich
gut und gütig zu bleiben
statt böse und bitter zu werden

doch wer kennt schon
die heimlichen kämpfe
der überaus dicken mädchen
die man zur rolle bestimmt hat
gut und selbstlos zu sein?

ach wäre ein gott
ach wäre ein gott
der fleisch wird im fleisch
eines überaus dicken mädchens

Der Mensch ohne den Mitmenschen ist nicht der
Mensch, sondern das Gespenst des Menschen

Karl Barth

O Gary Cooper
warum starbst du an Krebs
und als alter Mann dazu?

Aram Boyajin

wir trauern um oberst hans geer:

nachdem er lahm und hilflos geworden
liessen ihn seine freunde
die offiziere mit denen er
für armee und korpsgeist verschworen
schon bald
sehr bald schon
im stich

keiner mehr der ihn besuchte
der erinnerungen tauschte mit ihm
der ihn stützte auf kurzem spaziergang
oder nur schweigend neben ihm sass

tagelang jahrelang
blieb er von seinen freunden vergessen
weinte oft vor sich hin bis als einziger
jetzt der tod sich seiner erbarmt hat

sterblich zu sein
ist bitter genug
am bittersten aber
dass selbst der tod zur gnade uns wird

Ferner sagte Rabbi Elasar: Jeder Mensch, der kein Land hat, ist eigentlich kein Mensch, denn es heisst: Die Himmel sind die Himmel des Herrn, die Erde aber gab er den Menschenkindern.

Talmud

Am privaten Bodenbesitz, dem grössten Hemmschuh einer freiheitlichen Planung, wagt niemand etwas zu ändern: Keine der gesetzgebenden Körperschaften, keine der Parteien.

Aus dem Film "Stadtmodelle" von
Erwin Mühlestein

sein leben
war arbeit
arbeit auch
in der freizeit

und dennoch
hat er sein ziel
das eigene heim
erst heute erreicht

denn rascher
als die ersparnisse
wuchsen die preise
von boden und bau

jetzt aber ist er am ziel
im eigenen heim
in der urne aus ton

jetzt hat er
für zwanzig jahre
ein fleckchen erde
für sich und die frau

hier ruhe er nun
in frieden

Die Erdbevölkerung nimmt heute jeden Tag um 180 000 Menschen oder im Jahr um über 65 Millionen Menschen zu! Und diese Zahlen werden sich von Jahr zu Jahr erhöhen.

Prof. Pierre-André Tschumi, 1968

Um das Jahr 2050 herum wird bei der jetzigen Entwicklung die Schweiz mit 24 bis 25 Millionen Menschen besiedelt sein.

Zeitungsartikel 1968

wir müssen platz machen
hat er gesagt
platz für die jungen
es sind zu viele menschen
es ist zu wenig platz auf der welt
hat er gesagt
und jetzt
hat er platz gemacht
seine wohnung wird frei
sein parkplatz steht zur verfügung

KURT MARTI

bald fährt ein anderer seinen wagen
er steigt in kein tram mehr
fremde sitzen am mittagstisch seiner wirtschaft
die rente kann zinstragend angelegt werden
ein neuer kunde findet beim zahnarzt zulass
wir müssen platz machen
hat er gesagt
es ist zu wenig platz auf der welt

ERIKA BURKART

Windstille im November

Gebälk. Die Schlachtung. Kahlwand.
Gott mit geschlitztem Bauch.
Der Nussbaum schwenkt die Pesthand.
Der Himmel wird zu Rauch.

Der Nebel. Vesperläuten.
Ein Stein, der aus dem Nebel kriecht.
Des Jägers Schattenbeuten.
Die Waldung siecht.

Die Buche regnet Funken,
die Schollen bluten schwarz.
Das Licht ist ausgetrunken.
Der Sinn spinnt bleiches Harz.

Die Abendlachen blinken,
gebrochen wird der Stab,
drei kleine Vögel trinken
aus einem Sonnengrab.

Zur Sonne schaut das Auge
hinab. Wie scheint sie tief.
An einem Grashalm sauge
ich alte Schmerzen wach. Wer rief?

Die ernsten Stämme dämmern,
in grauen Schein gestuft,
es kommt der Fischerkönig,
Merlin der Alte ruft.

Das Herzblatt schwebt im Nebel
und will gefunden sein,
der Gral, das ist die Sonne,
der weisse Hirsch hält ein.

Dort tragen sie vorüber
das eingehüllte Licht . . .
Die kleinen Rehe knien,
Flaumschatten im Gesicht.

Arcanum

Die Spinne verpackt ihre Beute,
Der Mensch erklärt dem Menschen den Krieg.
Alte Mächte üben Gewalt,
die Sintflut zischt ins prometheische Feuer,
von Dämonen tost die geschändete Luft.

Die Milchstrasse ist eine Naht
im Mantel des Fremden.
Er wickelt noch einmal mich ein.

Mit meinen Facettenaugen blicke ich um mich.
Ich lege mein Haar in den Mond
und eine Hand in die andre.

Ich will diesen Schleier,
will diesen Helm nicht mehr anziehn.
Ja, will ich sagen, und: Nein.

Eines Hundes Haupt sucht mein Knie.
Ein Kind lässt mich ein in sein Spiel.
Ich will keine Götter bemühen.
Ich lebe.

Partizipation

Tage gibt es, an denen
ein Taschentuch, das einer verlor auf der Strasse,
mir Schreck einjagt, und ich fürchte mich
vor Kartoffelsäcken und Rillen im Sand.

Jäger sind versteckt in der Luft.
Aus der hinterhältigen Bläue
zielen sie, wenn ich gehe im Feld.

Die weissen Bäuche der Schwalben
schützen nicht mehr. Die goldene Schrift
auf dem Wegkreuz trübe Legende,
denn unter der sprudelnden Sonne
rollen die Wagen der grauen Knechte,
füllt Blut die Stapfen der Kinder.

Wohin sind die Kinder
mit ihren Laternen gegangen,
wohin die Männer, die pflanzten den Wald?
Auf seinem Schatten steht aufrecht der Baum,
über alles verständigt. Vom Lachen der Kinder
glitzert das abgetragene Laub.

Gleichmütig tränkt Tau,
fährt Wasser, weisst Mond,
findet die Raupe von Blatt zu Blatt
und kennt nicht Falter und Baum.

Wem soll ich sagen, dass in der Nacht
das Funkeln der alten Sterne mich ängstigt,
und dass ich verwirrt bin, weil heute ein Tag ist,
der vor tausend Jahren verging.

Die Wahrheit

Tritt ihr nicht nahe,
sie könnte dich blenden
mit einem Strahl, der im Nu
durchbrennt all
deine Sicherungen.

Erwarte kein Urteil von ihr.
Beiden Lagern steift sie die Fahne.
Bis zum Jüngsten Tag wird vertagt
der Prozess, den sie dir anhängt.

Sie setzt sich aus Teilchen zusammen,
die zugedeckt werden von fassbaren Sachen,
Tatsachen, leicht zu beweisen.

Spurlos kommt sie, wie Luft,
erscheint und legt, einmal bewegt,

die Häuser nieder, in denen
wir ihre auswechselbaren
Abbilder horten.

Vorläufig auch
die tödliche Wahrheit.
Laut einer überlieferten Hoffnung
erweist sich, im Bunde mit ihr,
das Übel als Heilsplan.

Vergessener Ort

Gleich nebenan,
wohin eine Treppe zurückführt,
das ältere Haus,
Brockenhaus einer Kindheit,
lange nicht mehr bewohnt:
man müsste erst die Läden aufstossen,
Asche auskratzen und Feuer machen.

Das Haus ist aus Latten zusammengenagelt,
über toten Fischen hockt Angst zu Tisch.

Blattpflanzen, rosig behaart,
wachsen in der Spielzeugkommode,
auf Klumpfüssen geht der Zylinderofen,
lustgemordet die nackte Puppe.

Der Schlitten sieht aus wie ein Schlitten im Sommer,
auf dem Würfelbrett schläft die verschollene Katze,

ein Engelhaar blieb dem Tannengerippe,
im Spinnweb verfliegt sich ein Kind.

Hinter den Masken der Futterlöcher
rollen die Augen der Kühe,
in Schaffelle greift eine blutige Hand,
vom Dachstuhl baumelt die Schaukel.

Schimmelblüten schäumen im Krug.
Zögernd hebt ihn der Träumer
an den verrammelten Mund.

KUNO RAEBER

Die Truhe

Du kannst kaum noch atmen. Die andern
Kinder haben den Speicher
verlassen. Du hörst von der Treppe
deinen Namen. Hart
stösst es dich ins Gesäss. Ein Hund
ist hier vor Jahren verendet. Schneller
als du. Du stemmst dich noch gegen
den Deckel der Truhe und hast
wieder Luft. Aber
dein Arm ist zu schwach.

In der Nacht wirst du noch hören, wie jemand
kommt und die Maske des Gärtners, die Maske
der Gärtnerin aus dem Schrank holt.
Aber du wirst nicht mehr
rufen und dich nicht mehr gegen den Deckel der
Truhe
stemmen. Du wirst das Rascheln, das Kichern
eben noch hören. Und dann,
bevor du erstickst, das Knarren, das Rascheln,
das Kichern hören herauf von der Treppe.

Der Stierkämpfer

Du lässt dich, Stier,
zurücktreiben zur Säule und stehst
und senkst deine Hörner?
Die Hieroglyphen
glänzen über die ganze

Säule. Wir können
sie beide nicht lesen.

Ich knie vor dir, Stier,
ich komme mit meinem
Gesicht ganz nah deiner Schnauze:
Packe mich, Stier, du sollst
dich nicht fürchten, nicht weichen.
Die Hieroglyphen
glänzen über die ganze
Säule. Wir können
sie beide nicht lesen.

Ich vergesse dich, Stier,
ich vergass die Leute, die schreien.
Blut rinnt mir fern über den Schenkel.
Ich ziele, ich treffe, ich steche.

Die Hieroglyphen
glänzen über die ganze
Säule. Wir können
sie beide nicht lesen.

Der Teller

Nimm den Teller vom Tisch,
trag ihn durch die Kammern.
Lass dich durch den Staub, die
Spinngewebe, das Sägemehl nicht beirren.
Nicht durch das alte

Gift, nicht durch den Speck,
der aus den Mausefallen heraufstinkt.

Ruh auf keinem Sessel aus, er bricht,
die Federn stechen dich ins Gesäss.
Geh durch die Zimmer weiter, verschütte
die Suppe nicht; erst am Ende, wo die Bilder des
toten
Zaren und der Zarin fast schon
unkenntlich unter verstaubten
Scheiben hängen, dort in der letzten
Kammer stell den Teller nieder in die Asche: iss!

Der Damm

Den Vögeln sind die Federn verklebt.
Sie sitzen fest auf dem öligen Wasser.
Geh schnell, denn du weisst nicht,
wann das ölige Wasser den Damm überspült.
Sing, denn du weisst nicht, wann deine Stimme
im Kreischen der Vögel versackt,
wann ins ölige Wasser der Damm,
wann zu den Tankern der Damm, deine Stimme
hinabsackt.

Flussufer

Schau nicht, schau nicht
hinab auf den Strom, wo im braunen
Papier, im Abschaum der Fabriken

der Kopf schwimmt mit dem
klaffenden Mund, den
blutigen Strähnen.
Drücke die Nase zu vor den Dünsten,
schau nicht, schau nicht
hinab auf den Strom,
hör nicht
auf das Schreien der Wipfel am Stromrand.

Zikade

Einst bleibt
von mir nur noch die Stimme.
Du wirst mich in allen
Zimmern suchen,
auf den Treppen, in den langen
Fluren, in den Gärten,
du wirst mich suchen im Keller,
du wirst mich suchen unter den Treppen.
Einst wirst du mich suchen.
Und überall wirst du nur meine Stimme
hören, meine hoch monoton
singende Stimme. Überall wird
sie dich treffen, überall
wird sie dich foppen, in allen
Zimmern, auf den Treppen, in den langen
Fluren, in den Gärten, im Keller,
unter den Treppen. Einst
wirst du mich suchen. Einst
bleibt von mir nur noch die Stimme.

ALEXANDER XAVER GWERDER

Dörfliche Motive

Der Berg hat einen roten Bart,
mit dem er morgens die Kinder schreckt.
– Denn mitten im Wald, mit Moos bedeckt,
sei nachts die Sonne aufgebahrt . . .

*

Ein Heimchen hüpft durch aufgehängtes Linnen.
Mal da, mal dort ein gläsernes Gespräch –
Doch dann, als ob das Netz aus Worten bräch',
pflückt eine derbe Hand vom Weiss der Zinnen.

*

Die Hand im Gras, den Kopf auf einem Kissen,
schläfst du zwischen Wagen und Gebälk –
Die Wolke blendet, und so rosenwelk
wird dein Mund verwehte Streue küssen.

*

Ganz plötzlich, abends beim Kaffee,
schwingt leicht dein Herz sich übers Dach,
läuft querfeldein bis an den Bach –
Der Bauer meint, es wär ein Reh . . .

ALEXANDER XAVER GWERDER

Die Weise vom Kriterium eines Heutigen

I

"Reiten, reiten, reiten" – das konnte der Dichter
neunzehnten Jahrhunderts
mit Wolken und Mond noch. Uns
blieb der Ritt in Stahl und Benzin, besser:
dazwischen. Es bleibt kaum Tag
für den Fischzug der Bazare, und nächstens
werden persönliche Bedürfnisanstalten sowie
Selbstbedienungskrematorien
verabfolgt.
Paradiese sind selten. Dreizehn Meter
über den Strassen
beginnt schon der Himmel. Anschliessend
– Kaugummi – spult sich der Tag wieder
rückwärts – Radio – und später
knallen die gelben und blauen Taxis
den Rest vor die Haustür.

Den Rest –: Die Lippen,
die zückenden Zungen, die Wasserstoffblonden,
und wieder den Rest – was dann bleibt: Blumen
vielleicht – Scharteken, und schmal
auch so weisse
empfindliche Bändchen – (man sollte
die Hände sich waschen
vor Versen).

Auch jenes schwarzweisse Zwiegespräch
mit dem Ausdruck von Tiefsee und Stratosphären
hat zum Hintergrund kleine Mustersongs

von Missouri-Banditen.
Darling – vielleicht – wir reisen
bei Ebbe – wir wagen die älteste Stromfahrt.
Im Innern der Insel – tat twam asi – wer weiss,
was für Oasen dort
brennen.

II
Episoden im Treppenhaus
haben plötzlich Bedeutung –: Fielen
nicht Worte wie Datteln
den Liftschacht hinunter?

"Sie trinken Milch
aus den Schläuchen Unbekannter, und
ihre Eselinnen bläst ein Samun
über achtzehn Etagen . . ."
"Sie treiben
die roten Igel aus Eisen
durch die faulen Kanäle der Stadt,
und wenn sie sich abends umarmen,
im Schneegestöber und unter der Sonne
Siziliens, denken sie gleichwohl: Es soll
noch leben wo
im Gestänge Leviathans . . ."

"Gratis den Traum, die Gesteinsart fremder
Planeten, eingesprengt in die Tartufferie
allgemeiner Bildung . . ."
und gratis auch:

"Schritte, die ahnen lassen, was der Azur
von uns hält –"
Was es auf sich hat
mit dem täglichen Parnass, mit dem
Land über Dächer.

III

In Kentucky soll eines Morgens
der Gekreuzigte Samba
getanzt haben –: was natürlich schwer
schadete seinem Ruf. Aber: Rufen
wir denn nicht
immer? Ja, schreien
denn nicht alle Maschinen nach Meer?
Die Vögel nach Propellern
und der neue Nash
nach Unsterblichkeit?
Herrlich
wie am ersten Tag – oh Margaret-Rose –:
Purpur über indischen Balkonen, Bananen auch,
sozial und Suez und schlussendlich
doch die Daunen. Vieles
endet der Schlaf, vor allem vorher, nur
die Mistel grünt standhaft
durch den Dezember . . .
Da hilft
keine Story weiter als bis in das Tal
des Todes (Texas, Dixieland), kein Festspiel,
kein zweiter Wahlgang –

Hier
baut der Geist seine Sphinxen! Denn niemand
denn die Legion
hat die Brunnen vergiftet. Fata morgana?
Nein! Poesie des Bösen: Mord
auf Distanz.

Réveille

Ich sah, wie man einer Frau
mit scharfem Messer den
Kopf abschnitt. Genau dort, wo es
normalerweise duftet nach
Orangen – zwischen Perl-
kette und dem Keimflaum kommender
Küsse – dort
setzten sie an.
Kein Schrei – kein
Grau! Still zischend erlosch, wie eine
Kerze lischt – erst brandig und
schwelend, zuletzt mit einem
staunenden Rauch . . .
Es roch entsetzlich
nach Militär, nach ledernem
Frühstück zu Hunderten, und eine
Sehnsucht nach Geschlecht
krümmte sich zusammen über der
grausamen Kindheit, die aus
Taktschritten blühte –

Nachts am Quai

Schwanken im Schritt, furchtloser Priap!
Da sind noch zehn Dollars, das Zauberkraut
über Terrassen am Meer – Trancen
vor Cadillacs –, sogar Gäule träumen
ohne Wasserspülung geruchlos.

Du heisst nicht Sunshine –, doch etwas
bunter und Spaniens Küsten
verleugneten dich, denn der Papst sah
die Sonne kreisen am Donnerstag-
nachmittag. Wie?
Du glaubst nicht mehr alles? Kometen
auf Flaschen ziehn? Hausse
und Baisse der Schneemänner am Piz
Palü, inklusiv Gloriole?

Es lächelt der See –: Nun bastelt er
nächstens am nassen Grabe – denn
man stirbt nicht mehr so
gastlich heute.

Ich geh unter lauter Schatten

Was ist denn das für eine Zeit –?
Die Wälder sind voll von Traumgetier.
Wenn ich nur wüsste, wer immer so schreit.
Weiss nicht einmal, ob es regnet oder schneit,
ob du erfrierst auf dem Weg zu mir –

Die Wälder sind voll von Traumgetier.
Ich geh unter lauter Schatten –
Es sind Netze gespannt von dir zu mir,
und was sich drin fängt, ist nicht von hier,
ist, was wir längst vergessen hatten.

Wenn ich nur wüsste, wer immer so schreit –
Ich sucht ihm ein wenig zu geben
von jenem stillen Trunk zu zweit;
voll Taumel und voll von Seligkeit
würd ich den Becher ihm heben –

Weiss nicht einmal, ob es schneit oder regnet . . .
Sah die Sterne nicht mehr, seit ich dich verliess;
kenn den Weg nicht mehr, den du mir gesegnet,
und zweifle sogar, ob du mir begegnet –
Wer war denn das, der mich gehen hiess?

Aber, du findest doch her zu mir –?
Sieh, es wird Zeit, dass ich ende.
Die Wälder sind voll von Traumgetier,
und ich darunter bin nicht von hier . . .
Ich gäb alles, wenn ich dich fände!

WALTER GROSS

An jenem Nachmittag

Kein Gedanke lenkte seine Schritte
an jenem Nachmittag, kein Gedanke an damals.
Der Nachmittag in der Stadt war gewöhnlich:
Wärme der Mauern, Licht und Staub, halbes
        Gespräch
im Ohr, Park und Schatten wie immer.

Da drang in ihn der Ton einer Säge,
ein Anruf der Zeit, vergangener Zeit:
ein kleines Zimmer auf den Hof hinaus,
einen Hof mit hohen Bretterstapeln
und dem immer wieder anschwellenden Ton
einer Säge.
Ein kleines Zimmer, am Fenster der schwarze
Klavierkasten und darauf ein Bild der Cebotari,
ein Stoss mit Notenblättern –
und wieder sah er die Biegung ihres geliebten Leibes,
wie sie das Kleid überstreifte und dastand
ohne ein Wort.

Nichts vermochte er über sein Inneres.
Er trat an eine Auslage, nahe trat er heran,
ganz an die Scheibe,
der Anschein seines Interesses war vollkommen
an jenem Nachmittag vor der Auslage,
an jenem gewöhnlichen Nachmittag
mit der Wärme der Mauern, Licht und Staub,
halbem Gespräch im Ohr, mit Park und Schatten.
wie immer.

An Cesare Pavese

Wo mag denn das armselige Zeug sein:
deine Brille, dein Tabaksbeutel,
dein Schreibzeug?
Wo blieb das in dieser verfluchten Stadt,
in der man Kilometer unter steinernen Lauben
läuft, in der Süsswarenläden wie Apotheken
und Apotheken wie Süsswarenläden aussehen?
Weshalb wolltest du nicht mehr wissen,
wie ein Schluck Wein im Munde schmeckt,
ein Stück Ziegenkäse?
Weshalb wolltest du die Fische nicht mehr sehen
in ihren Kisten, gebettet in Grünzeug
und Eis im harten Glanz der Frühe,
nicht mehr den rotzgrünen Fluss
und die Boote kieloben am Ufer,
den roten Sand der Tennisplätze
im Laub der Bäume,
die Kinder nicht mehr
mit ihrem Himmel- und Höllspiel
auf den Strassen.
Warum wurden dir die Worte übel im Mund
und ertrugst du nicht mehr den Arbeiter
mit seinem Kaffee und seiner Zeitung
vor der Theke, ehe das Tagwerk anfängt?
Noch ist nicht getan, was getan werden muss,
du fehlst uns an diesem Morgen,
fehlst uns am Mittag, am kommenden Abend
und morgen und übermorgen erst recht.

WALTER GROSS

Gedenken an B.B.

An der Bushaltestelle,
während der Regen fällt,
betrachtest du die Photographie
auf dem Umschlag des gekauften Buches:
unter dem kurz geschnittenen Haar
das wohlgeformte Ohr, frei, hörend,
aus den verschatteten Augen der Blick,
prüfend, die Lippen leicht gepresst,
das Unveränderliche verschweigend.

Unerkannt bleibt der Bekannte
in dem vom stärker fallenden Regen
nass werdenden Bildnis.

Umzingelung

Sind die Kreuzschnäbel einmal im Garten,
von denen die Legende weiss, wie vergeblich
sie sich gemüht haben um unseren Herrn
– nur die Blutspur auf der Brust
und ihre Schnäbel erzählen noch davon –,
so wirst du mit der Schaufel
dem Schnee nicht mehr beikommen.
Der Reif wird mit aus der Kindheit
vertrauten Gewächsen jeden Auslug
verstellen, und bringt dir dieser Anblick
auch für eine Sekunde die Stimme
deiner Mutter zurück, wiege
dich nicht ein in das Vergangene.

Schon ist alles gegen dich verbündet.
Höre, wie mit Schüssen die Kälte
die Stämme sprengt, keinen Wind
wirst du drehen, keine Schneelast
hältst du vom Aste zurück, keine
Flocke fällt wie du willst.
Wisse: die Wölfe werden sich
um deinen Hesiod und Virgil
auf dem Bücherschaft nicht
kümmern.

Sind die Kreuzschnäbel einmal im Garten,
bist du umstellt.

WERNER LUTZ

Schritte zur Türe

Schritte zur Tür. Schritte zur Wand.
Ich suche die Knabenzeit in meinen Taschen
und finde keine Wildnis mehr.
Hölzerne Hände spielen nicht mehr Katze und Bär
und haben die Geschenke vergessen.
Kühler Schal, so legen sich Tage um Gedanken
die winterlich sind, von Krähen durchflogen.
Letzten Frühling noch glich mein Herz
dem Zigeunerwagen und zog fort, in weiten Bogen
um Kirschbaum und Mädchen.
Jetzt ist meine Kraft ein Greis auf der Gartenbank
gestützt von hoher Lehne.
Eingesammelte Steine,
so ruhen Versprechen in mir – in rostendem Eimer.
Salbeischwerer Duft
ist die Erinnerung an meine Freunde.

Schritte zur Tür. Schritte zur Wand.
Mit Tisch und Bett gefangen im Spiegel.
Vom Hügel reisst Wind den Regen.
Nächte stehen vor mir, hohle Tonkrüge ohne Ruf.
Lied das ich ahne
hörte wohl ein alter Geigenbauer.

Gebetchen

Herr. Lass wachsen
ein einziges grünes Haar
auf meinem Haupt
dann werden Karl
und seine Kollegen sagen:
Wir haben ihn unterschätzt
diesen Kerl.

Obwohl ich weiss

Die Mütze verloren.
Ein Haar
vom dunklen Anzug entfernt
und um ein Haar
den eigenen Augen getraut
obwohl ich weiss
auch das Vertraute
ist nur eine Spiegelung.

Seltsam

Seltsam
wie leicht das Licht schmilzt
wenn ich in meine Hände hauche
und etwas
das wie Landregen fällt
macht mich allmählich alt.

WERNER LUTZ

Augenblick

Augenblick
der nicht bezahlt wird
der nichts einbringt
keiner Uhr gehört
und keinem Chef.
Niemand wird zusehen
wissen wollen
was du ins reine schreibst
halb
mit der Hand verdeckst.

Noch immer

In jeder Karrenspur
rollt ein Gewitter.
Mit jedem Kiesschritt
kommt ein Spiel
ein Abenteuer heim.
In jedem Brunnen schwätzt
unser Nachbar Brägger.
Hinauf in jede Dämmerung
noch zwei, drei Bälle
bis man mich ruft.

Wenn die Schnecken kommen

Tage, die bewegen sich nicht.
Da wachsen die Treppen

um einige Stufen.
Da hört man den Fluss
durch den Hausflur fliessen.
Da wagen die Schnecken
zu kommen
und was in den Wänden
das Licht scheut, erscheint.

Feststellungen

Es ist traurig
aus mir wird nichts.
Ein Falter
hat sich flach
ans Fensterglas gepresst.
Ich heize
und die Katze bleibt jetzt
wieder mehr im Haus.

Verschlossen

Verschlossen die Truhe
versunken die Insel
gekeltert die Freude.

Auf dem Dach wächst Schnee.
Im Zimmer häufen sich die Schritte.
Als Flocke schwebt die Stunde
vom Turm.
Die Stille, ein sprödes Tuch

lässt sich von meinem Finger
nicht durchlöchern.

Die Wand ergraut
das Fenster erblindet.
Die Langeweile
hockt auf meinem einzigen Stuhl.

*

Blaubedruckt der Tag, aufgehäuft das Heu.
Im Hof trottet der Schatten.
Zeit, die Gedanken und die Freunde heimzuholen
und aus Vergangenem das Gold zu waschen.

Verblüht der Strauss, der Garten schläft –
weckt ihn nicht auf.
Der Acker raucht Kartoffelkraut
und Spatzen zerren Nebelfetzen ins Gebüsch.

BEAT BRECHBÜHL

L'aventure c'est du boulot du boulot du boulot
Blaise Cendrars

Du bist einer der wenigen die man fragt Woher,
und die man brauchen kann während der Arbeit
während des Aufstehens und denen man ansieht:
Das Schlafen ist eine missverständliche
    Angelegenheit.

Ich hätte dich gern gekannt,

ich wollte, dass mir meine Gedichte viele
Menschen suchen wie du.
Aber nun stehe ich vor mir
und nehme den rüchigen Schatten der Berge
unter den Arm,
damit wir aufhören uns zu besinnen.

Ich weiss, Blaise, dass es jetzt viel zu
schön ist um Gedichte zu schreiben
hier am Thunersee gegenüber dem Beatenberg.

Einiges beim Verlassen der Schweiz

Ich habe
meinen Schläfer, den Zerrspiegel.
Ich habe die Landschaften, die Menschen, die
    heimlichen Wälder.
Ich habe die Morgen, den Herbst,
    die Versäumnisse,
ich habe die Jugend, die Lippen,
die Enttäuschungen, die Lachen,

ich habe den Ort meiner Geburt, die
    Erinnerungen,
die Kämpfe, das Angewöhnte,

ich habe alles, nach dem ich mich sehnen werde.
Ich habe viel bei mir.

I

Ich will keine Gedichte, die sind,
weil es Gedichte gibt.
Ich will keine Menschen, die sagen: "Schade um die
    Worte für mich."
Ich will keine gedrillten Gedichte, die in
    Kolonnen
marschieren nach einem Taktstock.

II

Ich will Gedichte, die am gleichen Tisch sitzen
    wie ich,
die ohne Vorsteher aufrecht umhergehen in den
    Leuten.
Gedichte, die mich aus mir verbannen.
Ich will Gedichte, die arbeitender sind als Politiker,
Gedichte, die Essen beschaffen und Wohnungen,
die Sonntage sind und unermüdliche Forscher.

Solche Gedichte will ich,
und noch weniger sittengestopfte.

III

Ich habe viel mitgenommen.
Viel zum Fürchten und Liegenlassen.

IV

Doch die Besessenheit bleibt, um nachzuhinken
all den privaten Gärten, den Wohnungen, in denen
Freunde leben
als ob sie tot wären,
als ob ich selbst mir genügen könnte,
ohne den Krebsarzt herauszuklingeln während des
Feiertags.

Die Besessenheit bleibt,
in diesen hohlwangigen Geistern zu forschen,
ihre Lungen abzuhorchen auf Worte,
die Muskeln ansetzen und furchtloses Gelächter.

Und ich möchte nicht vorübergehen am Geschrei
dieser Sonne,
ohne mich gesund zu spüren im
Samstagabendgewimmel,
ohne zu sagen: "Darf ich zurückkehren."

Carl Spitzweg
Der Alchimist

Ein Mann hinter verschlossenen Türen, ein Mann
aus klarem Gehirn,
in einem dämmrigen grenzenlosen Raum.

Wenn er seine kosmische Kammer verliess, wenn er
den Denkräumen entfloh, wenn er sich auflöste –
er blieb der Mann mit der einsamen Potenz.

In seiner Glaskugel
betete er zur Materie,
schlief er in Träumen ausserhalb aller Bereiche,
liebte die Neugierde bis zur Erschöpfung –
in seiner Glaskugel am Rande der Zeit.

Er wollte mehr wissen als es zu wissen gibt.
Er wollte mehr leben als es zu sterben gibt.
Er wollte mehr lieben als es zu verlieren gibt –
der Mann dessen Himmelreiche unsterblich sind.

El Greco
Bildnis des Grossinquisitors
Kardinal Don Fernando Niño de Guevara

Man kann jemand umbringen ohne dass er es
merkt, ohne dass das Volk zu jubeln
beginnt, ohne den Täter zu spielen.
Es ist der Stil, die Methode und das Glück,
die Zeit ignorieren zu können; Richter sein,
als ob man spielte, als ob man Kunst fabrizierte
in höherem Auftrag.

El Greco malte seinen geistlichen Kerkermeister
wie folgt: Die Gewänder sind prächtig,
hitzeempfindlich in der Mode ihrer Zeit,
sie umschliessen ein
repräsentatives Gesicht mit Vorhängen.
Ein Gesicht von der Totenliste, ein wissenschaftlich
ausgebranntes Gesicht zum Fürchten und
Kriegführen, mit

ängstlichen fliehenden Augen, mit dem
Mund eines sexuellen Eiferers; ein Gesicht für
Macht und Totschlag ohne Verantwortungspflicht.

So sieht ein Urteil aus. Eine Abrechnung auf
Jahrhunderte; wir
haben Augen um zu sehen, wir denken um
Bilanzen zu ziehen.

Heute, da knien wir vor anderen
menschlichen Leerläufen, ohne himmlische
Ambitionen, wir beugen uns vor
Macht, Prinzipien, Physik und
Raum.

Die Wälder werden abgeschlossen;
die Meere hermetisch verpackt;
die Dörfer vergrössert, und die Städte vergrössert –
das alles sitzt in eifrigen engmaschigen Köpfen,
dosiert mit einer einfachen
kaufmännischen Erfolgsrechnung, durchgeführt als
unfehlbarer Prozess.

O Freiheit, Grossinquisitor!

Frans Hals
Die Zigeunerin

Auf eine Nacht, Mädchen,
auf eine Nacht.

Hier ist auf nichts zu verzichten als auf Zeit.
Hier gibt es nichts zu versäumen als ein
Wiedersehn. Hier ist nichts zu verschweigen als
Liebe.

Auf eine Nacht, Mädchen, auf eine endlose,
verbrennende Nacht.

Losgelöst von Geist, vergötternd den Augenblick,
schweissgebadet von Drang und Verlangen,
die gierige Freude der Augen,
die Zunge,
Sichselbst in den Schultern lange verlierend,
die glücklich werdenden Brüste,
Sich lange verlierend in den Hüften dem Bauch,
und plötzlich die schamlos feine Innenseite der
Schenkel –

Auf eine Nacht, Mädchen, auf eine kräftige
unvergessliche Nacht.

Du nickst. Du lachst.
Du denkst nicht an morgen, ich denke nicht an
morgen . . . kein anderer Mensch ist auf der Welt,
diese Nacht.

Nur ein Name, wie eine Strasse und Hausnummer
irgendwo, nur das Entladen eines gestauten
Sommers, die völlige Missachtung der Menschen,
das ist alles was bleibt.

Dann die letzte behutsame Berührung von Lippe
zu Lippe, ein einziger ehrlicher Dank an die
Welt –
Gehen wir. Der Tag beginnt.

Eigenartige Gelüste

Immer wenn ich in unterirdische
Parkgaragen komme stellt sich
der Wunsch ein
einen Film zu machen in einer mauerlos
widerhallenden benzinwarmen
Parkhalle einen Kriminalfilm
vielleicht oder ein poetisches leicht
wassergekühltes Drama;
das ist wie die
Lust auf eine Zigarette.

Hier lebt nur ein einziger Ton.
Es gibt kein Wetter.
Die Autos sind alle so friedlich,
als leere schlafende Hummeln stehen sie herum,
ich kann nichts dafür
hier gefällts mir.

Magische Sentenz
für Ted Berrigan

In hellgrünem Teller
schwimmen meine Augen,

eben erst sind sie einem
dieser eisstarren Sommer entschlüpft,
jetzt schwimmen sie: Zigaretten-
stummel im Teller,

ich weiss nicht
diese demokratische Heiterkeit
ist so schrecklich

und Liebe steht als graugelber Dunst-
Furz über dem Kontinent,
durch unsere Strasse fliesst warmes
Sperma 2 Meter hoch
in die letzten Ritzen die aufge-
weichten Gedächtnisse,

alle sind bis auf die Knochen
enttäuscht und schreien nach nichts
anderem MEHR als Liebe Liebe "wir ver-
dursten verhungern nach Liebe",

WAS IST DAS WOHL.

Unikum

Im Zug redet
einer von Gott.

Die Leute schauen Löcher
in den Mann.

Dann lächeln sie
verständnisvoll
und frösteln.

Brambach Rainer, geboren 1917 in Basel. Acht Jahre Volksschule, dann Flachmaler, Torfstecher, Landarbeiter u.a. Seit 1961 freier Schriftsteller. Lebt in Basel. 1955 erhielt er den Preis der Hugo Jacobi-Stiftung, 1958 den Preis des Kulturverbandes der deutschen Industrie.
Veröffentlichungen: Tagwerk, Gedichte, 1959; Wahrnehmungen, Prosa, 1961; Marco Polos Koffer, Gedichte (gemeinsam mit Jürg Federspiel), 1969; Ich fand keinen Namen dafür, Gedichte, 1969; Basler Texte Nr. 3, Gedichte und Prosa, 1972; Für sechs Tassen Kaffee, Erzählungen, 1972.

Brechbühl Beat, geboren 1939 in Opplingen BE, aufgewachsen in Niederwichtrach. Schriftsetzerlehre in Bern, Redakteur, Verlagshersteller. Lebt in Rapperswil am Zürichsee.
Veröffentlichungen: Spiele um Pan, Gedichte, 1962; Die Stiere, Erzählung, 1964; Lakonische Reden, Gedichte, 1965; Gesunde Predigt eines Dorfbewohners, Gedichte, 1966; Die Bilder und ich, Gedichte, 1968; Die Litanei von den Bremsklötzen und andere Gedichte, 1969; Auf der Suche nach den Enden des Regenbogens, Gedichte, 1970; Kneuss, Roman, 1970; Der geschlagene Hund pisst an die Säulen des Tempels, Alte und neue Gedichte, 1972.

Burkart Erika, geboren 1922 in Aarau. Primarlehrerin. Lebt zur Zeit als freie Schriftstellerin im ehemaligen Äbtehaus des Klosters Muri. Sie erhielt den Meersburger Droste-Preis, den C.F. Meyer-

Preis der Stadt Zürich und den Kulturpreis der Pro Argovia.
Veröffentlichungen: Der dunkle Vogel, Gedichte, 1953/58; Sterngefährten, Gedichte, 1955; Bann und Flug, Gedichte, 1956; Geist der Fluren, Gedichte, 1958; Die gerettete Erde, Gedichte, 1960; Mit den Augen der Kore, Gedichte, 1962; Ich lebe, Gedichte, 1964; Die weichenden Ufer, Gedichte, 1967; Moräne, Der Roman von Lilith und Laurin, 1970; Die Transparenz der Scherben, Gedichte, 1973.

Ehrismann Albert, geboren 1908 in Zürich. Absolvierte nach der Primar- und Sekundarschule eine kaufmännische Lehre. Buchhalter. Seit dem zwanzigsten Lebensjahr freier Schriftsteller.
Veröffentlichungen: Lächeln auf dem Asphalt, Gedichte, 1930; Schiffern und Kapitänen, Gedichte, 1931; Sterne von unten, Gedichte, 1939; Der neue Kolumbus, Erzählung, 1939; Kolumbus kehrt zurück, Legende, 1948; Der letzte Brief, Erzählungen, 1948; Das Stundenglas, Gedichte, 1948; Das Traubenjahr, Gedichte, 1950; Morgenmond, Gedichte, 1928/51; Tag- und Nacht-Gleiche, Gedichte, 1952; Mein kleines Spittelbuch, Gedichte, 1953; Ein ganz gewöhnlicher Tag, Gedichte, 1954; Das Kirschenläuten, Gedichte, 1956; Die Himmelspost, Gedichte, 1956; Nein, die Nacht ist nicht zu Ende, Gedichte, 1957; Der wunderbare Brotbaum, Gedichte, 1958; Riesenrad der Sterne, Gedichte, 1960; Wir haben Flügel heut, Gedichte, 1962; Nachricht von den Wollenwebern, Gedichte, 1964; Heimkehr der Tiere in der heiligen Nacht, Gedichte, 1965; Wetterhahn, altmodisch, Gedichte, 1968; Die Gedichte des Pessimisten und

Moralisten Albert Ehrismann, Gedichte, 1972; Eine Art Bilanz, Gedichte, 1972; Mich wundert, dass ich fröhlich bin, Gedichte, 1973.

Gross Walter, geboren 1924 in Winterthur. Volontär am Zoologischen Institut einer Universität. Buchbinderlehre. Angestellter einer Bibliothek, dann freier Schriftsteller.
Veröffentlichungen: Die Taube, Gedicht, 1956; Botschaften noch im Staub, Gedichte, 1957; Antworten, Gedichte, 1964.

Gwerder Alexander Xaver, geboren 1923 in Thalwil ZH. Arbeitete als Offset-Kopist in einem Zürcher Betrieb. Am 14. September 1952 starb er durch Selbstmord.
Veröffentlichungen: Blauer Eisenhut, Gedichte, 1951; Dämmerklee, Gedichte, 1955; Möglich, dass es gewittern wird, Prosa, 1957; Land über Dächer, Gedichte, 1959. Alexander Xaver Gwerders Werk erfuhr eine erste, grundlegende Würdigung in Dieter Fringelis Buch "Optik der Trauer, Alexander Xaver Gwerders Wesen und Wirken", 1970.

Lutz Werner, geboren 1930 in Wolfhalden AR. Lebt seit 1948 als Graphiker in Basel.
Veröffentlichungen: Blätter des Basler Literaturkredits Nr. 5, 1967, Gedichte und Prosa; Basler Texte Nr. 3, 1972, Gedichte und Prosa.

Marti Kurt, geboren 1921 in Bern. Studium der protestantischen Theologie. War ein Jahr lang als Kriegsgefangenenseelensorger in Frankreich tätig. Vikar in Leimiswil, Pfarrer in Niederlenz AG. Seit 1961 Pfarrer in Bern.

Veröffentlichungen: Boulevard Bikini, Gedichte, 1958; republikanische gedichte, 1959; Dorfgeschichten, 1960; gedichte am rand, 1963; Moderne Literatur, Essay, 1964; Das Spiel des Schreibens, Essay, 1964; Wohnen zeitaus, Geschichten zwischen Dorf und Stadt, 1956; gedichte alfabeete & cymbalklang, Gedichte, 1966; Die Schweiz und ihre Schriftsteller – die Schriftsteller und ihre Schweiz, Essay, 1966; rosa loui, vierzig gedicht ir bärner umgangsschprach, 1967; leichenreden, Gedichte, 1969; Abratzky oder die kleine Brockhütte, Lexikon in einem Band, 1971; Heil-Vetia. Etwas wie ein Gedicht, 1971; Zum Beispiel Bern 1972, ein politisches Tagebuch, 1973.

Morgenthaler Hans, geboren 1890 in Burgdorf. Studium der Botanik, Zoologie und Geologie. Promovierte mit einer Dissertation über die Birke. Als Geologe fuhr er 1917 nach Südostasien, um nach Zinn und Gold und dem Paradies zu suchen. Als er an Malaria erkrankte, kehrte er in die Schweiz zurück. Er starb 1929 an den Folgen der Malaria und an Tuberkulose.
Veröffentlichungen: Ihr Berge, 1916; Matahari – Stimmungsbilder aus den malaiisch-siamesischen Tropen, 1921; Ich selbst – Gefühle, 1923; Woly – ein Sommer im Süden, Roman, 1924; Gadja Putji – ein Minenabenteuer, Roman, 1929; Das Ende vom Lied – Lyrisches Testament eines Schwindsüchtigen, Gedichte, 1930; In der Stadt – die Beichte des Karl von Allmen, Prosa, 1950; Totenjodel, Gedichte, 1970.

Raeber Kuno, geboren 1922 in Klingnau. Studium der Germanistik, der Philosophie und der Ge-

schichte. 1951 Direktor der Schweizer Schule in Rom. 1952 Assistent am Leibniz-Kolleg in Tübingen, 1955 am Europa-Kolleg in Hamburg. Seit 1959 freier Schriftsteller in München.
Veröffentlichungen: Gesicht im Mittag, Gedichte, 1950; Die verwandelten Schiffe, Gedichte, 1957; Die Lügner sind ehrlich, Roman, 1960; Gedichte, 1960; Calabria, Reiseskizzen, 1961; Flussufer, Gedichte, 1963; Missverständnisse, 33 Kapitel, 1968; Alexius unter der Treppe oder Geständnisse vor einer Katze, 1973.

Walser Robert, geboren 1878 in Biel. Zwischen seinen intensiven Schaffensperioden übte er verschiedene Berufe aus, war vor allem im Bank- und Versicherungswesen Zürichs tätig. Während seines längeren Berlin-Aufenthaltes entstehen seine grossen Romane. Seit 1933 verbrachte er den Rest des Lebens in der Irrenanstalt Herisau, in die er sich freiwillig zurückgezogen hatte, und verleugnete sein Dichtertum. Dort starb er 1956.
Veröffentlichungen: Fritz Kochers Aufsätze, 1904; Geschwister Tanner, 1906; Der Gehülfe, 1907; Jakob von Gunten, 1908; Gedichte, 1909; Geschichten, 1914; Kleine Dichtungen, 1915; Poetenleben, 1918; Seeland, 1920; Die Rose, 1924; Grosse kleine Welt (Auswahl), 1937; Vom Glück des Unglücks und der Armut (Auswahl), 1944; Dichtungen in Prosa, Gesamtausgabe, drei Bände, 1954; Unbekannte Gedichte, herausgegeben von Carl Seelig, 1958; Prosa (Auswahl), 1960; Robert Walser, das Gesamtwerk, vollständige Ausgabe in zwölf Einzelbänden, herausgegeben von Jochen Greven, wurde 1971 abgeschlossen.

Walter Silja, geboren 1919 in Rickenbach SO. Besuch eines Lehrerinnenseminars, Arbeit in der katholischen Jugendbewegung der Schweiz, Nonne. Veröffentlichungen: Die ersten Gedichte, 1944; Gedichte, 1950; Wettinger Sternsingerspiel, 1955; Es singt die heil'ge Mitternacht, Oratorium, 1956; Die hereinbrechende Auferstehung, Erzählung, 1958; Beors Bileams Weihnacht, Erzählung, 1961; Sie warten auf die Stadt, Erzählung, 1963; Gesammelte Spiele, 1963; Der Fisch und Bar Abbas, Erzählung, 1967; Würenloser Chronikspiel, 1970; Der Tanz des Gehorsams oder Die Strohmatte, Lyrik 1970; Das Kloster am Rande der Stadt, Der Tag der benediktinischen Nonne, 1971.

Werthmüller Hans, geboren 1912 in Burgdorf. Zwei angefangene Lehrzeiten, Versicherung und Photographie, ein angefangenes Germanistikstudium. Wirtschaftskrise, kleine Journalistik, Aktivdienst. Seit 1952 eigene Buchhandlung in Basel. 1971 Verkauf der Buchhandlung, freier Schriftsteller.
Veröffentlichungen: Der Weltprozess und die Farben, Essay, 1950; Erleuchtete Fensterzeile, Gedichte, 1962; Jahr des Augenblicks, Gedichte, 1965; Basler Texte Nr. 3, Gedichte und Prosa, 1972; Der Rolladen, Gedichte, 1972.

Zollinger Albin, geboren 1895 in Zürich, gestorben 1941. Volksschullehrer und freier Schriftsteller. Veröffentlichungen: Die Gärten des Königs, Prosa, 1921; Die verlorene Krone, Prosa, 1922; Der halbe Mensch, Prosa, 1929; Gedichte, 1933; Sternfrühe, Gedichte, 1936; Stille des Herbstes, Gedichte, 1939; Haus des Lebens, Gedichte, 1939; Die grosse

Unruhe, Prosa, 1939; Pfannenstiel, Die Geschichte eines Bildhauers, Prosa, 1940; Bohnenblust oder Die Erzieher, Prosa, 1942; Der Fröschlacher Kuckuck, Prosa, 1941; Das Gewitter, Prosa, 1943; Labyrinth der Vergangenheit, Prosa, 1950; Briefe an einen Freund, 1955; Gedichte, herausgegeben von E. Staiger, 1956; Gesammelte Werke, Bd. 1–4, 1961–1962; Neuausgabe der Gesammelten Werke 1962–1971.

INHALTS- UND QUELLENVERZEICHNIS